I0232654

UZBEQUE
VOCABULÁRIO

PORTUGUÊS BRASILEIRO

PORTUGUÊS
UZBEQUE

Para alargar o seu léxico e apurar
as suas competências linguísticas

5000 palavras

Vocabulário Português Brasileiro-Uzbeque - 5000 palavras

Por Andrey Taranov

Os vocabulários da T&P Books destinam-se a ajudar a aprender, a memorizar, e a rever palavras estrangeiras. O dicionário é dividido em temas, cobrindo todas as principais esferas de atividades quotidianas, negócios, ciência, cultura, etc.

O processo de aprendizagem, utilizando os dicionários baseados em temáticas da T&P Books dá-lhe as seguintes vantagens:

- Informação de origem corretamente agrupada predetermina o sucesso em fases subsequentes da memorização de palavras
- Disponibilização de palavras derivadas da mesma raiz, o que permite a memorização de unidades de texto (em vez de palavras separadas)
- Pequenas unidades de palavras facilitam o processo de estabelecimento de vínculos associativos necessários para a consolidação do vocabulário
- O nível de conhecimento da língua pode ser estimado pelo número de palavras aprendidas

T&P Books Publishing
www.tpbooks.com

ISBN: 978-1-78767-391-5

Este livro também está disponível em formato E-book.
Por favor visite www.tpbooks.com ou as principais livrarias on-line.

VOCABULÁRIO UZBEQUE
palavras mais úteis

Os vocabulários da T&P Books destinam-se a ajudar a aprender, a memorizar, e a rever palavras estrangeiras. O vocabulário contém mais de 5000 palavras de uso comum organizadas tematicamente.

O vocabulário contém as palavras mais comummente usadas
Recomendado como adicional para qualquer curso de línguas
Satisfaz as necessidades dos iniciados e dos alunos avançados de línguas estrangeiras
Conveniente para o uso diário, sessões de revisão e atividades de auto-teste
Permite avaliar o seu vocabulário

Características especias do vocabulário

* As palavras estão organizadas de acordo com o seu significado, e não por ordem alfabética
* As palavras são apresentadas em três colunas para facilitar os processos de revisão e auto-teste
* As palavras compostas são divididas em pequenos blocos para facilitar o processo de aprendizagem
* O vocabulário oferece uma transcrição simples e adequada de cada palavra estrangeira

O vocabulário contém 155 tópicos incluindo:

Conceitos básicos, Números, Cores, Meses, Estações do ano, Unidades de medida, Roupas & Acessórios, Alimentos & Nutrição, Restaurante, Membros da Família, Parentes, Caráter, Sentimentos, Emoções, Doenças, Cidade, Passeios, Compras, Dinheiro, Casa, Lar, Escritório, Trabalho no Escritório, Importação & Exportação, Marketing, Pesquisa de Emprego, Esportes, Educação, Computador, Internet, Ferramentas, Natureza, Países, Nacionalidades e muito mais ...

TABELA DE CONTEÚDOS

GUIA DE PRONUNCIAÇÃO

Letra	Exemplo Uzbeque	Alfabeto fonético T&P	Exemplo Português
A a	satr	[a]	chamar
B b	kutubxona	[b]	barril
D d	marvarid	[d]	dentista
E e	erkin	[e]	metal
F f	mukofot	[f]	safári
G g	girdob	[g]	gosto
G' g'	g'ildirak	[ɣ]	agora
H h	hasharot	[h]	[h] aspirada
I i	kirish	[i], [iː]	sinônimo
J j	natija	[dʒ]	adjetivo
K k	namlik	[k]	aquilo
L l	talaffuz	[l]	libra
M m	tarjima	[m]	magnólia
N n	nusxa	[n]	natureza
O o	bosim	[ɒ], [o]	de volta
O' o'	o'simlik	[ø]	orgulhoso
P p	polapon	[p]	presente
Q q	qor	[q]	teckel
R r	rozilik	[r]	riscar
S s	siz	[s]	sanita
T t	tashkilot	[t]	tulipa
U u	uchuvchi	[u]	bonita
V v	vergul	[w]	página web
X x	xonadon	[ɦ]	[h] suave
Y y	yigit	[j]	Vietnã
Z z	zirak	[z]	sésamo
ch	chang	[ʧ]	Tchau!
sh	shikoyat	[ʃ]	mês
' [1]	san'at	[ː], [–]	mudo

Comentários

[1]   [ː] - Prolonga a vogal anterior; após consoantes é usado como um 'sinal forte'

ABREVIATURAS
usadas no vocabulário

Abreviaturas do Português

adj	-	adjetivo
adv	-	advérbio
anim.	-	animado
conj.	-	conjunção
desp.	-	esporte
etc.	-	Etcetera
ex.	-	por exemplo
f	-	nome feminino
f pl	-	feminino plural
fem.	-	feminino
inanim.	-	inanimado
m	-	nome masculino
m pl	-	masculino plural
m, f	-	masculino, feminino
masc.	-	masculino
mat.	-	matemática
mil.	-	militar
pl	-	plural
prep.	-	preposição
pron.	-	pronome
sb.	-	sobre
sing.	-	singular
v aux	-	verbo auxiliar
vi	-	verbo intransitivo
vi, vt	-	verbo intransitivo, transitivo
vr	-	verbo reflexivo
vt	-	verbo transitivo

CONCEITOS BÁSICOS

Conceitos básicos. Parte 1

1. Pronomes

eu	мен	men
você	сен	sen
ele, ela	у	u
nós	биз	biz
vocês	сиз	siz
eles, elas	улар	ular

2. Cumprimentos. Saudações. Despedidas

Oi!	Салом!	Salom!
Olá!	Ассалому алайкум!	Assalomu alaykum!
Bom dia!	Хайрли тонг!	Xayrli tong!
Boa tarde!	Хайрли кун!	Xayrli kun!
Boa noite!	Хайрли оқшом!	Xayrli oqshom!
cumprimentar (vt)	саломлашмоқ	salomlashmoq
Oi!	Салом бердик!	Salom berdik!
saudação (f)	салом	salom
saudar (vt)	салом бермоқ	salom bermoq
Como você está?	Ишларингиз қалай?	Ishlaringiz qalay?
Como vai?	Ишларинг қалай?	Ishlaring qalay?
E aí, novidades?	Янгилик борми?	Yangilik bormi?
Tchau! Até logo!	Хайр!	Xayr!
Até breve!	Кўришқунча хайр!	Ko'rishquncha xayr!
Adeus!	Соғ бўлинг!	Sog' bo'ling!
despedir-se (dizer adeus)	хайрлашмоқ	xayrlashmoq
Até mais!	Ҳозирча хайр!	Hozircha xayr!
Obrigado! -a!	Раҳмат!	Rahmat!
Muito obrigado! -a!	Катта раҳмат!	Katta rahmat!
De nada	Марҳамат	Marhamat
Não tem de quê	Ташаккур билдиришга арзимайди.	Tashakkur bildirishga arzimaydi.
Não foi nada!	Арзимайди	Arzimaydi
Desculpa!	Кечир!	Kechir!
Desculpe!	Кечиринг!	Kechiring!
desculpar (vt)	кечирмоқ	kechirmoq
desculpar-se (vr)	кечирим сўрамоқ	kechirim so'ramoq

Me desculpe	Мени кечиргайсиз.	Meni kechirgaysiz.
Desculpe!	Афв етасиз!	Afv etasiz!
perdoar (vt)	афв етмоқ	afv etmoq
Não faz mal	Ҳечқиси йўқ!	Hechqisi yo'q!
por favor	марҳамат қилиб	marhamat qilib

Não se esqueça!	Унутманг!	Unutmang!
Com certeza!	Албатта!	Albatta!
Claro que não!	Албатта, йўқ!	Albatta, yo'q!
Está bem! De acordo!	Розиман!	Roziman!
Chega!	Бас!	Bas!

3. Como se dirigir a alguém

Desculpe ...	Маъзур тутасиз!	Ma'zur tutasiz!
senhor	Жаноб	Janob
senhora	Хоним	Xonim
senhorita	Яхши қиз	Yaxshi qiz
jovem	Яхши йигит	Yaxshi yigit
menino	Болакай	Bolakay
menina	Қизалоқ	Qizaloq

4. Números cardinais. Parte 1

zero	нол	nol
um	бир	bir
dois	икки	ikki
três	уч	uch
quatro	тўрт	to'rt

cinco	беш	besh
seis	олти	olti
sete	етти	etti
oito	саккиз	sakkiz
nove	тўққиз	to'qqiz

dez	ўн	o'n
onze	ўн бир	o'n bir
doze	ўн икки	o'n ikki
treze	ўн уч	o'n uch
catorze	ўн тўрт	o'n to'rt

quinze	ўн беш	o'n besh
dezesseis	ўн олти	o'n olti
dezessete	ўн етти	o'n etti
dezoito	ўн саккиз	o'n sakkiz
dezenove	ўн тўққиз	o'n to'qqiz

vinte	йигирма	yigirma
vinte e um	йигирма бир	yigirma bir
vinte e dois	йигирма икки	yigirma ikki
vinte e três	йигирма уч	yigirma uch

trinta	ўттиз	o'ttiz
trinta e um	ўттиз бир	o'ttiz bir
trinta e dois	ўттиз икки	o'ttiz ikki
trinta e três	ўттиз уч	o'ttiz uch
quarenta	қирқ	qirq
quarenta e um	қирқ бир	qirq bir
quarenta e dois	қирқ икки	qirq ikki
quarenta e três	қирқ уч	qirq uch
cinquenta	еллик	ellik
cinquenta e um	еллик бир	ellik bir
cinquenta e dois	еллик икки	ellik ikki
cinquenta e três	еллик уч	ellik uch
sessenta	олтмиш	oltmish
sessenta e um	олтмиш бир	oltmish bir
sessenta e dois	олтмиш икки	oltmish ikki
sessenta e três	олтмиш уч	oltmish uch
setenta	етмиш	etmish
setenta e um	етмиш бир	etmish bir
setenta e dois	етмиш икки	etmish ikki
setenta e três	етмиш уч	etmish uch
oitenta	саксон	sakson
oitenta e um	саксон бир	sakson bir
oitenta e dois	саксон икки	sakson ikki
oitenta e três	саксон уч	sakson uch
noventa	тўқсон	to'qson
noventa e um	тўқсон бир	to'qson bir
noventa e dois	тўқсон икки	to'qson ikki
noventa e três	тўқсон уч	to'qson uch

5. Números cardinais. Parte 2

cem	юз	yuz
duzentos	икки юз	ikki yuz
trezentos	уч юз	uch yuz
quatrocentos	тўрт юз	to'rt yuz
quinhentos	беш юз	besh yuz
seiscentos	олти юз	olti yuz
setecentos	етти юз	etti yuz
oitocentos	саккиз юз	sakkiz yuz
novecentos	тўққиз юз	to'qqiz yuz
mil	минг	ming
dois mil	икки минг	ikki ming
três mil	уч минг	uch ming
dez mil	ўн минг	o'n ming
cem mil	юз минг	yuz ming
um milhão	миллион	million
um bilhão	миллиард	milliard

6. Números ordinais

primeiro (adj)	биринчи	birinchi
segundo (adj)	иккинчи	ikkinchi
terceiro (adj)	учинчи	uchinchi
quarto (adj)	тўртинчи	to'rtinchi
quinto (adj)	бешинчи	beshinchi
sexto (adj)	олтинчи	oltinchi
sétimo (adj)	еттинчи	ettinchi
oitavo (adj)	саккизинчи	sakkizinchi
nono (adj)	тўққизинчи	to'qqizinchi
décimo (adj)	ўнинчи	o'ninchi

7. Números. Frações

fração (f)	каср	kasr
um meio	иккидан бир	ikkidan bir
um terço	учдан бир	uchdan bir
um quarto	тўртдан бир	to'rtdan bir
um oitavo	саккиздан бир	sakkizdan bir
um décimo	ўндан бир	o'ndan bir
dois terços	учдан икки	uchdan ikki
três quartos	тўртдан уч	to'rtdan uch

8. Números. Operações básicas

subtração (f)	айириш	ayirish
subtrair (vi, vt)	айирмоқ	ayirmoq
divisão (f)	бўлиш	bo'lish
dividir (vt)	бўлмоқ	bo'lmoq
adição (f)	қўшиш	qo'shish
somar (vt)	қўшмоқ	qo'shmoq
adicionar (vt)	яна қўшмоқ	yana qo'shmoq
multiplicação (f)	кўпайтириш	ko'paytirish
multiplicar (vt)	кўпайтирмоқ	ko'paytirmoq

9. Números. Diversos

algarismo, dígito (m)	рақам	raqam
número (m)	сон	son
numeral (m)	саноқ сон	sanoq son
menos (m)	минус	minus
mais (m)	плюс	plyus
fórmula (f)	формула	formula
cálculo (m)	ҳисоблаш	hisoblash
contar (vt)	санамоқ	sanamoq

| calcular (vt) | ҳисобламоқ | hisoblamoq |
| comparar (vt) | солиштирмоқ | solishtirmoq |

| Quanto? | Қанча? | Qancha? |
| Quantos? -as? | Нечта? | Nechta? |

soma (f)	сумма	summa
resultado (m)	натижа	natija
resto (m)	қолдиқ	qoldiq

alguns, algumas ...	бир нечта	bir nechta
pouco (~ tempo)	бир оз	biroz
resto (m)	қолгани	qolgani
um e meio	бир ярим	bir yarim
dúzia (f)	ўн иккита	o'n ikkita

ao meio	иккига бўлиб	ikkiga bo'lib
em partes iguais	тенг-баравар	teng-baravar
metade (f)	ярим	yarim
vez (f)	марта	marta

10. Os verbos mais importantes. Parte 1

abrir (vt)	очмоқ	ochmoq
acabar, terminar (vt)	тугатмоқ	tugatmoq
aconselhar (vt)	маслаҳат бермоқ	maslahat bermoq
adivinhar (vt)	топмоқ	topmoq
advertir (vt)	огоҳлантирмоқ	ogohlantirmoq

ajudar (vt)	ёрдамлашмоқ	yordamlashmoq
almoçar (vi)	тушлик қилмоқ	tushlik qilmoq
alugar (~ um apartamento)	ижарага олмоқ	ijaraga olmoq
amar (pessoa)	севмоқ	sevmoq
ameaçar (vt)	пўписа қилмоқ	po'pisa qilmoq

anotar (escrever)	ёзиб олмоқ	yozib olmoq
apressar-se (vr)	шошилмоқ	shoshilmoq
arrepender-se (vr)	афсусланмоқ	afsuslanmoq
assinar (vt)	имзоламоқ	imzolamoq
brincar (vi)	ҳазиллашмоқ	hazillashmoq

brincar, jogar (vi, vt)	ўйнамоқ	o'ynamoq
buscar (vt)	... изламоқ	... izlamoq
caçar (vi)	ов қилмоқ	ov qilmoq
cair (vi)	йиқилмоқ	yiqilmoq
cavar (vt)	қазимоқ	qazimoq
chamar (~ por socorro)	чақирмоқ	chaqirmoq

chegar (vi)	етиб келмоқ	etib kelmoq
chorar (vi)	йиғламоқ	yig'lamoq
começar (vt)	бошламоқ	boshlamoq
comparar (vt)	солиштирмоқ	solishtirmoq
concordar (dizer "sim")	рози бўлмоқ	rozi bo'lmoq
confiar (vt)	ишонмоқ	ishonmoq

confundir (equivocar-se)	адаштирмоқ	adashtirmoq
conhecer (vt)	танимоқ	tanimoq
contar (fazer contas)	ҳисобламоқ	hisoblamoq
contar com ...	... га умид қилмоқ	... ga umid qilmoq
continuar (vt)	давом еттирмоқ	davom ettirmoq
controlar (vt)	назорат қилмоқ	nazorat qilmoq
convidar (vt)	таклиф қилмоқ	taklif qilmoq
correr (vi)	югурмоқ	yugurmoq
criar (vt)	яратмоқ	yaratmoq
custar (vt)	арзимоқ	arzimoq

11. Os verbos mais importantes. Parte 2

dar (vt)	бермоқ	bermoq
dar uma dica	ишора қилмоқ	ishora qilmoq
decorar (enfeitar)	безамоқ	bezamoq
defender (vt)	ҳимоя қилмоқ	himoya qilmoq
deixar cair (vt)	туширмоқ	tushirmoq
descer (para baixo)	тушмоқ	tushmoq
desculpar (vt)	кечирмоқ	kechirmoq
desculpar-se (vr)	кечирим сўрамоқ	kechirim so'ramoq
dirigir (~ uma empresa)	бошқармоқ	boshqarmoq
discutir (notícias, etc.)	муҳокама қилмоқ	muhokama qilmoq
disparar, atirar (vi)	отмоқ	otmoq
dizer (vt)	айтмоқ	aytmoq
duvidar (vt)	иккиланмоқ	ikkilanmoq
encontrar (achar)	топмоқ	topmoq
enganar (vt)	алдамоқ	aldamoq
entender (vt)	тушунмоқ	tushunmoq
entrar (na sala, etc.)	кирмоқ	kirmoq
enviar (uma carta)	жўнатмоқ	jo'natmoq
errar (enganar-se)	адашмоқ	adashmoq
escolher (vt)	танламоқ	tanlamoq
esconder (vt)	беркитмоқ	berkitmoq
escrever (vt)	ёзмоқ	yozmoq
esperar (aguardar)	кутмоқ	kutmoq
esperar (ter esperança)	умид қилмоқ	umid qilmoq
esquecer (vt)	унутмоқ	unutmoq
estudar (vt)	ўрганмоқ	o'rganmoq
exigir (vt)	талаб қилмоқ	talab qilmoq
existir (vi)	мавжуд бўлмоқ	mavjud bo'lmoq
explicar (vt)	тушунтирмоқ	tushuntirmoq
falar (vi)	гапирмоқ	gapirmoq
faltar (a la escuela, etc.)	қолдирмоқ	qoldirmoq
fazer (vt)	қилмоқ	qilmoq
ficar em silêncio	индамай турмоқ	indamay turmoq
gabar-se (vr)	мақтанмоқ	maqtanmoq

gostar (apreciar)	ёқмоқ	yoqmoq
gritar (vi)	бақирмоқ	baqirmoq
guardar (fotos, etc.)	сақламоқ	saqlamoq
informar (vt)	хабардор қилмоқ	xabardor qilmoq
insistir (vi)	талаб қилмоқ	talab qilmoq
insultar (vt)	ҳақоратламоқ	haqoratlamoq
interessar-se (vr)	қизиқмоқ	qiziqmoq
ir (a pé)	юрмоқ	yurmoq
ir nadar	чўмилмоқ	cho'milmoq
jantar (vi)	кечки овқатни емоқ	kechki ovqatni emoq

12. Os verbos mais importantes. Parte 3

ler (vt)	ўқимоқ	o'qimoq
libertar, liberar (vt)	халос қилмоқ	xalos qilmoq
matar (vt)	ўлдирмоқ	o'ldirmoq
mencionar (vt)	эслатиб ўтмоқ	eslatib o'tmoq
mostrar (vt)	кўрсатмоқ	ko'rsatmoq
mudar (modificar)	ўзгартирмоқ	o'zgartirmoq
nadar (vi)	сузмоқ	suzmoq
negar-se a ... (vr)	рад қилмоқ	rad qilmoq
objetar (vt)	эътироз билдирмоқ	e'tiroz bildirmoq
observar (vt)	кузатмоқ	kuzatmoq
ordenar (mil.)	буюрмоқ	buyurmoq
ouvir (vt)	эшитмоқ	eshitmoq
pagar (vt)	тўламоқ	to'lamoq
parar (vi)	тўхтамоқ	to'xtamoq
parar, cessar (vt)	тўхтатмоқ	to'xtatmoq
participar (vi)	иштирок етмоқ	ishtirok etmoq
pedir (comida, etc.)	буюртма бермоқ	buyurtma bermoq
pedir (um favor, etc.)	сўрамоқ	so'ramoq
pegar (tomar)	олмоқ	olmoq
pegar (uma bola)	тутмоқ	tutmoq
pensar (vi, vt)	ўйламоқ	o'ylamoq
perceber (ver)	кўриб қолмоқ	ko'rib qolmoq
perdoar (vt)	кечирмоқ	kechirmoq
perguntar (vt)	сўрамоқ	so'ramoq
permitir (vt)	рухсат бермоқ	ruxsat bermoq
pertencer a ... (vi)	тегишли бўлмоқ	tegishli bo'lmoq
planejar (vt)	режаламоқ	rejalamoq
poder (~ fazer algo)	уддаламоқ	uddalamoq
possuir (uma casa, etc.)	эга бўлмоқ	ega bo'lmoq
preferir (vt)	афзал кўрмоқ	afzal ko'rmoq
preparar (vt)	тайёрламоқ	tayyorlamoq
prever (vt)	олдиндан кўрмоқ	oldindan ko'rmoq
prometer (vt)	ваъда бермоқ	va'da bermoq
pronunciar (vt)	айтмоқ	aytmoq

propor (vt)	таклиф қилмоқ	taklif qilmoq
punir (castigar)	жазоламоқ	jazolamoq
quebrar (vt)	синдирмоқ	sindirmoq
queixar-se de ...	шикоят қилмоқ	shikoyat qilmoq
querer (desejar)	истамоқ	istamoq

13. Os verbos mais importantes. Parte 4

ralhar, repreender (vt)	койимоқ	koyimoq
recomendar (vt)	тавсия қилмоқ	tavsiya qilmoq
repetir (dizer outra vez)	қайтармоқ	qaytarmoq
reservar (~ um quarto)	захира қилиб қўймоқ	zaxira qilib qo'ymoq
responder (vt)	жавоб бермоқ	javob bermoq
rezar, orar (vi)	ибодат қилмоқ	ibodat qilmoq
rir (vi)	кулмоқ	kulmoq
roubar (vt)	ўғирламоқ	o'g'irlamoq
saber (vt)	билмоқ	bilmoq
sair (~ de casa)	чиқмоқ	chiqmoq
salvar (resgatar)	қутқармоқ	qutqarmoq
seguir (~ alguém)	... орқасидан бормоқ	... orqasidan bormoq
sentar-se (vr)	ўтирмоқ	o'tirmoq
ser necessário	керак бўлмоқ	kerak bo'lmoq
ser, estar	бўлмоқ	bo'lmoq
significar (vt)	билдирмоқ	bildirmoq
sorrir (vi)	жилмаймоқ	jilmaymoq
subestimar (vt)	кам баҳо бермоқ	kam baho bermoq
surpreender-se (vr)	ҳайрон қолмоқ	hayron qolmoq
tentar (~ fazer)	уриниб кўрмоқ	urinib ko'rmoq
ter (vt)	эга бўлмоқ	ega bo'lmoq
ter fome	ейишни истамоқ	eyishni istamoq
ter medo	қўрқмоқ	qo'rqmoq
ter sede	чанқамоқ	chanqamoq
tocar (com as mãos)	тегмоқ	tegmoq
tomar café da manhã	нонушта қилмоқ	nonushta qilmoq
trabalhar (vi)	ишламоқ	ishlamoq
traduzir (vt)	таржима қилмоқ	tarjima qilmoq
unir (vt)	бирлаштирмоқ	birlashtirmoq
vender (vt)	сотмоқ	sotmoq
ver (vt)	кўрмоқ	ko'rmoq
virar (~ para a direita)	бурмоқ	burmoq
voar (vi)	учмоқ	uchmoq

14. Cores

| cor (f) | ранг | rang |
| tom (m) | рангдаги нозик фарқ | rangdagi nozik farq |

| tonalidade (m) | тус | tus |
| arco-íris (m) | камалак | kamalak |

branco (adj)	оқ	oq
preto (adj)	қора	qora
cinza (adj)	кул ранг	kul rang

verde (adj)	яшил	yashil
amarelo (adj)	сариқ	sariq
vermelho (adj)	қизил	qizil

azul (adj)	кўк	ko'k
azul claro (adj)	ҳаво ранг	havo rang
rosa (adj)	пушти	pushti
laranja (adj)	тўқ сариқ	to'q sariq
violeta (adj)	бинафша ранг	binafsha rang
marrom (adj)	жигар ранг	jigar rang

| dourado (adj) | олтин ранг | oltin rang |
| prateado (adj) | кумуш ранг | kumush rang |

bege (adj)	оч жигар ранг	och jigar rang
creme (adj)	оч сариқ ранг	och sariq rang
turquesa (adj)	феруза ранг	feruza rang
vermelho cereja (adj)	олча ранг	olcha rang
lilás (adj)	нафармон	nafarmon
carmim (adj)	тўқ қизил ранг	to'q qizil rang

claro (adj)	оч	och
escuro (adj)	тўқ	to'q
vivo (adj)	ёрқин	yorqin

de cor	рангли	rangli
a cores	рангли	rangli
preto e branco (adj)	оқ-қора	oq-qora
unicolor (de uma só cor)	бир рангдаги	bir rangdagi
multicolor (adj)	ранг-баранг	rang-barang

15. Questões

Quem?	Ким?	Kim?
O que?	Нима?	Nima?
Onde?	Қаерда?	Qaerda?
Para onde?	Қаерга?	Qaerga?
De onde?	Қаердан?	Qaerdan?
Quando?	Қачон?	Qachon?
Para quê?	Нега?	Nega?
Por quê?	Нима сабабдан?	Nima sababdan?

Para quê?	Нима учун?	Nima uchun?
Como?	Қандай?	Qanday?
Qual (~ é o problema?)	Қанақа?	Qanaqa?
Qual (~ deles?)	Қайси?	Qaysi?
A quem?	Кимга?	Kimga?

De quem?	Ким ҳақида?	Kim haqida?
Do quê?	Нима ҳақида?	Nima haqida?
Com quem?	Ким билан?	Kim bilan?

Quantos? -as?	Нечта?	Nechta?
Quanto?	Қанча?	Qancha?
De quem? (masc.)	Кимники?	Kimniki?

16. Preposições

com (prep.)	... билан	... bilan
sem (prep.)	... сиз	... siz
a, para (exprime lugar)	... га	... ga
sobre (ex. falar ~)	ҳақида	haqida
antes de ...	аввал	avval
em frente de ...	олдин	oldin

debaixo de ...	тагида	tagida
sobre (em cima de)	устида	ustida
em ..., sobre ...	... да	... da
de, do (sou ~ Rio de Janeiro)	... дан	... dan
de (feito ~ pedra)	... дан	... dan

| em (~ 3 dias) | ... дан кейин | ... dan keyin |
| por cima de ... | устидан | ustidan |

17. Palavras funcionais. Advérbios. Parte 1

Onde?	Қаерда?	Qaerda?
aqui	шу ерда	shu erda
lá, ali	у ерда	u erda

| em algum lugar | қаердадир | qaerdadir |
| em lugar nenhum | ҳеч қаерда | hech qaerda |

| perto de ... | ... ёнида | ... yonida |
| perto da janela | дераза ёнида | deraza yonida |

Para onde?	Қаерга?	Qaerga?
aqui	бу ерга	bu erga
para lá	у ерга	u erga
daqui	бу ердан	bu erdan
de lá, dali	у ердан	u erdan

| perto | яқин | yaqin |
| longe | узоқ | uzoq |

perto de ...	ёнида, яқинида	yonida, yaqinida
à mão, perto	ёнма-ён	yonma-yon
não fica longe	узоқ емас	uzoq emas
esquerdo (adj)	чап	chap
à esquerda	чапдан	chapdan

para a esquerda	чапга	chapga
direito (adj)	ўнг	o'ng
à direita	ўнгда	o'ngda
para a direita	ўнгга	o'ngga
em frente	олдида	oldida
da frente	олдинги	oldingi
adiante (para a frente)	олдинга	oldinga
atrás de ...	орқада	orqada
de trás	орқадан	orqadan
para trás	орқага	orqaga
meio (m), metade (f)	ўрта	o'rta
no meio	ўртада	o'rtada
do lado	ёнида	yonida
em todo lugar	ҳар ерда	har erda
por todos os lados	атрофда	atrofda
de dentro	ичида	ichida
para algum lugar	қаергадир	qaergadir
diretamente	тўғри йўлдан	to'g'ri yo'ldan
de volta	қарама-қарши томонга	qarama-qarshi tomonga
de algum lugar	бирор жойдан	biror joydan
de algum lugar	қаердандир	qaerdandir
em primeiro lugar	биринчидан	birinchidan
em segundo lugar	иккинчидан	ikkinchidan
em terceiro lugar	учинчидан	uchinchidan
de repente	тўсатдан	to'satdan
no início	дастлаб	dastlab
pela primeira vez	илк бор	ilk bor
muito antes de ...	анча олдин	ancha oldin
de novo	янгидан	yangidan
para sempre	бутунлай	butunlay
nunca	ҳеч қачон	hech qachon
de novo	яна	yana
agora	ҳозир	hozir
frequentemente	тез-тез	tez-tez
então	ўшанда	o'shanda
urgentemente	тезда	tezda
normalmente	одатда	odatda
a propósito, ...	айтганча, ...	aytgancha, ...
é possível	бўлиши мумкин	bo'lishi mumkin
provavelmente	эҳтимол	ehtimol
talvez	бўлиши мумкин	bo'lishi mumkin
além disso, ...	ундан ташқари, ...	undan tashqari, ...
por isso ...	шунинг учун	shuning uchun
apesar de ...	... га қарамай	... ga qaramay
graças a ...	... туфайли	... tufayli
que (pron.)	нима	nima

que (conj.)	... ки	... ki
algo	қандайдир	qandaydir
alguma coisa	бирор нарса	biror narsa
nada	ҳеч нарса	hech narsa

quem	ким	kim
alguém (~ que ...)	кимдир	kimdir
alguém (com ~)	бирортаси	birortasi

ninguém	ҳеч ким	hech kim
para lugar nenhum	ҳеч қаерга	hech qaerga
de ninguém	егасиз	egasiz
de alguém	бирор кимсаники	biror kimsaniki

tão	шундай	shunday
também (gostaria ~ de ...)	ҳамда	hamda
também (~ eu)	ҳам	ham

18. Palavras funcionais. Advérbios. Parte 2

Por quê?	Нимага?	Nimaga?
por alguma razão	нимагадир	nimagadir
porque ...	чунки ...	chunki ...
por qualquer razão	негадир	negadir

e (tu ~ eu)	ва	va
ou (ser ~ não ser)	ёки	yoki
mas (porém)	лекин	lekin
para (~ a minha mãe)	учун	uchun

muito, demais	жуда ҳам	juda ham
só, somente	фақат	faqat
exatamente	аниқ	aniq
cerca de (~ 10 kg)	тақрибан	taqriban

aproximadamente	тахминан	taxminan
aproximado (adj)	тахминий	taxminiy
quase	деярли	deyarli
resto (m)	қолгани	qolgani

o outro (segundo)	нариги	narigi
outro (adj)	бошқа	boshqa
cada (adj)	ҳар бир	har bir
qualquer (adj)	ҳар қандай	har qanday
muito, muitos, muitas	кўп	ko'p
muitas pessoas	кўпчилик	ko'pchilik
todos	барча	barcha

em troca de ...	... ўрнига	... o'rniga
em troca	евазига	evaziga
à mão	қўл билан	qo'l bilan
pouco provável	еҳтимолдан узоқ	ehtimoldan uzoq
provavelmente	еҳтимол	ehtimol
de propósito	атайин	atayin

por acidente	**тасодифан**	tasodifan
muito	**жуда**	juda
por exemplo	**масалан**	masalan
entre	**ўртасида**	o'rtasida
entre (no meio de)	**ичида**	ichida
tanto	**шунча**	shuncha
especialmente	**айниқса**	ayniqsa

Conceitos básicos. Parte 2

19. Dias da semana

segunda-feira (f)	душанба	dushanba
terça-feira (f)	сешанба	seshanba
quarta-feira (f)	чоршанба	chorshanba
quinta-feira (f)	пайшанба	payshanba
sexta-feira (f)	жума	juma
sábado (m)	шанба	shanba
domingo (m)	якшанба	yakshanba
hoje	бугун	bugun
amanhã	ертага	ertaga
depois de amanhã	индинга	indinga
ontem	кеча	kecha
anteontem	ўтган куни	o'tgan kuni
dia (m)	кун	kun
dia (m) de trabalho	иш куни	ish kuni
feriado (m)	байрам куни	bayram kuni
dia (m) de folga	дам олиш куни	dam olish kuni
fim (m) de semana	дам олиш кунлари	dam olish kunlari
o dia todo	кун бўйи	kun bo'yi
no dia seguinte	ертаси куни	ertasi kuni
há dois dias	икки кун аввал	ikki kun avval
na véspera	арафасида	arafasida
diário (adj)	ҳар кунги	har kungi
todos os dias	ҳар куни	har kuni
semana (f)	ҳафта	hafta
na semana passada	ўтган ҳафта	o'tgan hafta
semana que vem	келгуси ҳафтада	kelgusi haftada
semanal (adj)	ҳафталик	haftalik
toda semana	ҳар ҳафта	har hafta
duas vezes por semana	ҳафтасига икки марта	haftasiga ikki marta
toda terça-feira	ҳар сешанба	har seshanba

20. Horas. Dia e noite

manhã (f)	тонг	tong
de manhã	ерталаб	ertalab
meio-dia (m)	чошгоҳ	choshgoh
à tarde	тушликдан сўнг	tushlikdan so'ng
tardinha (f)	оқшом	oqshom
à tardinha	кечқурун	kechqurun

noite (f)	тун	tun
à noite	тунда	tunda
meia-noite (f)	ярим тун	yarim tun

segundo (m)	сония	soniya
minuto (m)	дақиқа	daqiqa
hora (f)	соат	soat
meia hora (f)	ярим соат	yarim soat
quarto (m) de hora	чорак соат	chorak soat
quinze minutos	ўн беш дақиқа	o'n besh daqiqa
vinte e quatro horas	сутка	sutka

nascer (m) do sol	қуёш чиқиши	quyosh chiqishi
amanhecer (m)	тонг отиши	tong otishi
madrugada (f)	эрта тонг	erta tong
pôr-do-sol (m)	кун ботиши	kun botishi

de madrugada	эрталаб	ertalab
esta manhã	бугун эрталаб	bugun ertalab
amanhã de manhã	эртага тонгда	ertaga tongda

esta tarde	бугун кундузи	bugun kunduzi
à tarde	тушликдан сўнг	tushlikdan so'ng
amanhã à tarde	эртага тушликдан сўнг	ertaga tushlikdan so'ng

| esta noite, hoje à noite | бугун кечқурун | bugun kechqurun |
| amanhã à noite | эртага кечқурун | ertaga kechqurun |

às três horas em ponto	роппа-роса соат учда	roppa-rosa soat uchda
por volta das quatro	соат тўртлар атрофида	soat to'rtlar atrofida
às doze	соат ўн иккиларга	soat o'n ikkilarga

em vinte minutos	йигирма дақиқадан кейин	yigirma daqiqadan keyin
em uma hora	бир соатдан кейин	bir soatdan keyin
a tempo	вақтида	vaqtida

... um quarto para	чоракам	chorakam
dentro de uma hora	бир соат давомида	bir soat davomida
a cada quinze minutos	ҳар ў беш дақиқада	har o' besh daqiqada
as vinte e quatro horas	кечаю-кундуз	kechayu-kunduz

21. Meses. Estações

janeiro (m)	январ	yanvar
fevereiro (m)	феврал	fevral
março (m)	март	mart
abril (m)	апрел	aprel
maio (m)	май	may
junho (m)	июн	iyun

julho (m)	июл	iyul
agosto (m)	август	avgust
setembro (m)	сентябр	sentyabr
outubro (m)	октябр	oktyabr

novembro (m)	ноябр	noyabr
dezembro (m)	декабр	dekabr
primavera (f)	**баҳор**	bahor
na primavera	**баҳорда**	bahorda
primaveril (adj)	**баҳорги**	bahorgi
verão (m)	**ёз**	yoz
no verão	**ёзда**	yozda
de verão	**ёзги**	yozgi
outono (m)	**куз**	kuz
no outono	**кузгда**	kuzgda
outonal (adj)	**кузги**	kuzgi
inverno (m)	**қиш**	qish
no inverno	**қишда**	qishda
de inverno	**қишки**	qishki
mês (m)	**ой**	oy
este mês	**бу ой**	bu oy
mês que vem	**янаги ойда**	yanagi oyda
no mês passado	**ўтган ойда**	o'tgan oyda
um mês atrás	**бир ой аввал**	bir oy avval
em um mês	**бир ойдан кейин**	bir oydan keyin
em dois meses	**икки ойдан кейин**	ikki oydan keyin
todo o mês	**ой бўйи**	oy bo'yi
um mês inteiro	**бутун ой давомида**	butun oy davomida
mensal (adj)	**ойлик**	oylik
mensalmente	**ҳар ойда**	har oyda
todo mês	**ҳар ойда**	har oyda
duas vezes por mês	**ойига икки марта**	oyiga ikki marta
ano (m)	**йил**	yil
este ano	**шу йили**	shu yili
ano que vem	**кейинги йили**	keyingi yili
no ano passado	**ўтган йили**	o'tgan yili
há um ano	**бир йил аввал**	bir yil avval
em um ano	**бир йилдан кейин**	bir yildan keyin
dentro de dois anos	**икки йилдан кейин**	ikki yildan keyin
todo o ano	**йил бўйи**	yil bo'yi
um ano inteiro	**бутун йил давомида**	butun yil davomida
cada ano	**ҳар йили**	har yili
anual (adj)	**ҳар йилги**	har yilgi
anualmente	**ҳар йилда**	har yilda
quatro vezes por ano	**йилига тўрт марта**	yiliga to'rt marta
data (~ de hoje)	**ойнинг куни**	oyning kuni
data (ex. ~ de nascimento)	**сана**	sana
calendário (m)	**календар**	kalendar
meio ano	**ярим йил**	yarim yil
seis meses	**ярим йиллик**	yarim yillik

estação (f)	мавсум	mavsum
século (m)	аср	asr

22. Unidades de medida

peso (m)	вазн	vazn
comprimento (m)	узунлик	uzunlik
largura (f)	кенглик	kenglik
altura (f)	баландлик	balandlik
profundidade (f)	чуқурлик	chuqurlik
volume (m)	ҳажм	hajm
área (f)	майдон	maydon
grama (m)	грамм	gramm
miligrama (m)	миллиграмм	milligramm
quilograma (m)	килограмм	kilogramm
tonelada (f)	тонна	tonna
libra (453,6 gramas)	фунт	funt
onça (f)	унция	untsiya
metro (m)	метр	metr
milímetro (m)	миллиметр	millimetr
centímetro (m)	сантиметр	santimetr
quilômetro (m)	километр	kilometr
milha (f)	миля	milya
polegada (f)	дюйм	dyuym
pé (304,74 mm)	фут	fut
jarda (914,383 mm)	ярд	yard
metro (m) quadrado	квадрат метр	kvadrat metr
hectare (m)	гектар	gektar
litro (m)	литр	litr
grau (m)	градус	gradus
volt (m)	волт	volt
ampère (m)	ампер	amper
cavalo (m) de potência	от кучи	ot kuchi
quantidade (f)	миқдор	miqdor
um pouco de ...	бироз ...	biroz ...
metade (f)	ярим	yarim
dúzia (f)	ўн иккита	o'n ikkita
peça (f)	дона	dona
tamanho (m), dimensão (f)	ўлчам	o'lcham
escala (f)	масштаб	masshtab
mínimo (adj)	минимал	minimal
menor, mais pequeno	енг кичик	eng kichik
médio (adj)	ўрта	o'rta
máximo (adj)	максимал	maksimal
maior, mais grande	енг катта	eng katta

23. Recipientes

pote (m) de vidro	банка	banka
lata (~ de cerveja)	банка	banka
balde (m)	челак	chelak
barril (m)	бочка	bochka
bacia (~ de plástico)	жом	jom
tanque (m)	бак	bak
cantil (m) de bolso	фляжка	flyajka
galão (m) de gasolina	канистра	kanistra
cisterna (f)	систерна	sisterna
caneca (f)	кружка	krujka
xícara (f)	косача	kosacha
pires (m)	ликопча	likopcha
copo (m)	стакан	stakan
taça (f) de vinho	қадаҳ	qadah
panela (f)	кастрюл	kastryul
garrafa (f)	бутилка	butilka
gargalo (m)	бўғзи	bo'g'zi
jarra (f)	графин	grafin
jarro (m)	кўза	ko'za
recipiente (m)	идиш	idish
pote (m)	хумча	xumcha
vaso (m)	ваза	vaza
frasco (~ de perfume)	флакон	flakon
frasquinho (m)	шишача	shishacha
tubo (m)	тюбик	tyubik
saco (ex. ~ de açúcar)	қоп	qop
sacola (~ plastica)	қоғоз халта	qog'oz xalta
maço (de cigarros, etc.)	қути	quti
caixa (~ de sapatos, etc.)	қути	quti
caixote (~ de madeira)	яшик	yashik
cesto (m)	сават	savat

O SER HUMANO

O ser humano. O corpo

24. Cabeça

cabeça (f)	бош	bosh
rosto, cara (f)	юз	yuz
nariz (m)	бурун	burun
boca (f)	оғиз	og'iz
olho (m)	кўз	ko'z
olhos (m pl)	кўзлар	ko'zlar
pupila (f)	қорачиқ	qorachiq
sobrancelha (f)	қош	qosh
cílio (f)	киприк	kiprik
pálpebra (f)	кўз қовоғи	ko'z qovog'i
língua (f)	тил	til
dente (m)	тиш	tish
lábios (m pl)	лаблар	lablar
maçãs (f pl) do rosto	ёноқлар	yonoqlar
gengiva (f)	милк	milk
palato (m)	танглай	tanglay
narinas (f pl)	бурун тешиги	burun teshigi
queixo (m)	енгак	engak
mandíbula (f)	жағ	jag'
bochecha (f)	юз	yuz
testa (f)	пешона	peshona
têmpora (f)	чакка	chakka
orelha (f)	қулоқ	quloq
costas (f pl) da cabeça	гардан	gardan
pescoço (m)	бўйин	bo'yin
garganta (f)	томоқ	tomoq
cabelo (m)	сочлар	sochlar
penteado (m)	турмак	turmak
corte (m) de cabelo	кесиш	kesish
peruca (f)	ясама соч	yasama soch
bigode (m)	мўйлов	mo'ylov
barba (f)	соқол	soqol
ter (~ barba, etc.)	қўйиш	qo'yish
trança (f)	соч ўрими	soch o'rimi
suíças (f pl)	чекка соқол	chekka soqol
ruivo (adj)	малла	malla
grisalho (adj)	оқарган	oqargan

| careca (adj) | кал | kal |
| calva (f) | сочи йўқ жой | sochi yo'q joy |

| rabo-de-cavalo (m) | дум | dum |
| franja (f) | пешонагажак | peshonagajak |

25. Corpo humano

| mão (f) | панжа | panja |
| braço (m) | қўл | qo'l |

dedo (m)	бармоқ	barmoq
polegar (m)	катта бармоқ	katta barmoq
dedo (m) mindinho	жимжилоқ	jimjiloq
unha (f)	тирноқ	tirnoq

punho (m)	мушт	musht
palma (f)	кафт	kaft
pulso (m)	билак	bilak
antebraço (m)	билак	bilak
cotovelo (m)	тирсак	tirsak
ombro (m)	елка	elka

perna (f)	оёқ	oyoq
pé (m)	товон таги	tovon tagi
joelho (m)	тизза	tizza
panturrilha (f)	болдир	boldir
quadril (m)	сон	son
calcanhar (m)	товон	tovon

corpo (m)	тана	tana
barriga (f), ventre (m)	қорин	qorin
peito (m)	кўкрак	ko'krak
seio (m)	сийна, емчак	siyna, emchak
lado (m)	ёнбош	yonbosh
costas (dorso)	орқа	orqa
região (f) lombar	бел	bel
cintura (f)	бел	bel

umbigo (m)	киндик	kindik
nádegas (f pl)	думбалар	dumbalar
traseiro (m)	орқа	orqa

sinal (m), pinta (f)	хол	xol
sinal (m) de nascença	қашқа хол	qashqa xol
tatuagem (f)	татуировка	tatuirovka
cicatriz (f)	чандиқ	chandiq

Vestuário & Acessórios

26. Roupa exterior. Casacos

roupa (f)	кийим	kiyim
roupa (f) exterior	устки кийим	ustki kiyim
roupa (f) de inverno	қишки кийим	qishki kiyim
sobretudo (m)	палто	palto
casaco (m) de pele	пўстин	po'stin
jaqueta (f) de pele	калта пўстин	kalta po'stin
casaco (m) acolchoado	пуховик	puxovik
casaco (m), jaqueta (f)	куртка	kurtka
impermeável (m)	плашч	plashch
a prova d'água	сув ўтказмайдиган	suv o'tkazmaydigan

27. Vestuário de homem & mulher

camisa (f)	кўйлак	ko'ylak
calça (f)	шим	shim
jeans (m)	жинси	jinsi
paletó, terno (m)	пиджак	pidjak
terno (m)	костюм	kostyum
vestido (ex. ~ de noiva)	аёллар кўйлаги	ayollar ko'ylagi
saia (f)	юбка	yubka
blusa (f)	блузка	bluzka
casaco (m) de malha	жун кофта	jun kofta
casaco, blazer (m)	жакет	jaket
camiseta (f)	футболка	futbolka
short (m)	шорти	shorti
training (m)	спорт костюми	sport kostyumi
roupão (m) de banho	халат	xalat
pijama (m)	пижама	pijama
suéter (m)	свитер	sviter
pulôver (m)	пуловер	pulover
colete (m)	жилет	jilet
fraque (m)	фрак	frak
smoking (m)	смокинг	smoking
uniforme (m)	форма	forma
roupa (f) de trabalho	жомакор	jomakor
macacão (m)	комбинезон	kombinezon
jaleco (m), bata (f)	халат	xalat

28. Vestuário. Roupa interior

roupa (f) íntima	ич кийим	ich kiyim
cueca boxer (f)	трусик	trusik
calcinha (f)	трусик	trusik
camiseta (f)	майка	mayka
meias (f pl)	пайпоқ	paypoq
camisola (f)	тунги кўйлак	tungi ko'ylak
sutiã (m)	бюстгалтер	byustgalter
meias longas (f pl)	голфи	golfi
meias-calças (f pl)	колготки	kolgotki
meias (~ de nylon)	пайпоқ	paypoq
maiô (m)	купалник	kupalnik

29. Adereços de cabeça

chapéu (m), touca (f)	қалпоқ	qalpoq
chapéu (m) de feltro	шляпа	shlyapa
boné (m) de beisebol	бейсболка	beysbolka
boina (~ italiana)	кепка	kepka
boina (ex. ~ basca)	берет	beret
capuz (m)	капюшон	kapyushon
chapéu panamá (m)	панамка	panamka
touca (f)	тўқилган шапка	to'qilgan shapka
lenço (m)	рўмол	ro'mol
chapéu (m) feminino	қалпоқча	qalpoqcha
capacete (m) de proteção	каска	kaska
bibico (m)	пилотка	pilotka
capacete (m)	шлем	shlem
chapéu-coco (m)	котелок	kotelok
cartola (f)	силиндр	silindr

30. Calçado

calçado (m)	пояфзал	poyafzal
botinas (f pl), sapatos (m pl)	ботинка	botinka
sapatos (de salto alto, etc.)	туфли	tufli
botas (f pl)	етик	etik
pantufas (f pl)	шиппак	shippak
tênis (~ Nike, etc.)	кроссовка	krossovka
tênis (~ Converse)	кеда	keda
sandálias (f pl)	сандал шиппак	sandal shippak
sapateiro (m)	етикдўз	etikdo'z
salto (m)	пошна	poshna

par (m)	жуфт	juft
cadarço (m)	чизимча	chizimcha
amarrar os cadarços	боғлаш	bog'lash
calçadeira (f)	қошиқ	qoshiq
graxa (f) para calçado	пояфзал мойи	poyafzal moyi

31. Acessórios pessoais

luva (f)	қўлқоплар	qo'lqoplar
mitenes (f pl)	бошмалдоқли қўлқоплар	boshmaldoqli qo'lqoplar
cachecol (m)	бўйинбоғ	bo'yinbog'
óculos (m pl)	кўзойнак	ko'zoynak
armação (f)	гардиш	gardish
guarda-chuva (m)	соябон	soyabon
bengala (f)	хасса	xassa
escova (f) para o cabelo	тароқ	taroq
leque (m)	елпиғич	elpig'ich
gravata (f)	галстук	galstuk
gravata-borboleta (f)	галстук-бабочка	galstuk-babochka
suspensórios (m pl)	подтяжки	podtyajki
lenço (m)	дастрўмол	dastro'mol
pente (m)	тароқ	taroq
fivela (f) para cabelo	соч тўғнағичи	soch to'g'nag'ichi
grampo (m)	шпилка	shpilka
fivela (f)	камар тўқаси	kamar to'qasi
cinto (m)	камар	kamar
alça (f) de ombro	тасма	tasma
bolsa (f)	сумка	sumka
bolsa (feminina)	сумкача	sumkacha
mochila (f)	рюкзак	ryukzak

32. Vestuário. Diversos

moda (f)	мода	moda
na moda (adj)	модали	modali
estilista (m)	моделер	modeler
colarinho (m)	ёқа	yoqa
bolso (m)	чўнтак	cho'ntak
de bolso	чўнтак	cho'ntak
manga (f)	енг	eng
ganchinho (m)	илгак	ilgak
bragueta (f)	йирмоч	yirmoch
zíper (m)	молния	molniya
colchete (m)	кийим илгаги	kiyim ilgagi
botão (m)	тугма	tugma

botoeira (casa de botão)	илгак	ilgak
soltar-se (vr)	узилмоқ	uzilmoq
costurar (vi)	тикиш	tikish
bordar (vt)	кашта тикиш	kashta tikish
bordado (m)	кашта	kashta
agulha (f)	игна	igna
fio, linha (f)	ип	ip
costura (f)	чок	chok
sujar-se (vr)	ифлосланмоқ	ifloslanmoq
mancha (f)	доғ	dog'
amarrotar-se (vr)	ғижимланиш	g'ijimlanish
rasgar (vt)	йиртмоқ	yirtmoq
traça (f)	куя	kuya

33. Cuidados pessoais. Cosméticos

pasta (f) de dente	тиш пастаси	tish pastasi
escova (f) de dente	тиш чўткаси	tish cho'tkasi
escovar os dentes	тиш тозаламоқ	tish tozalamoq
gilete (f)	устара	ustara
creme (m) de barbear	соқол олиш креми	soqol olish kremi
barbear-se (vr)	соқол олмоқ	soqol olmoq
sabonete (m)	совун	sovun
xampu (m)	шампун	shampun
tesoura (f)	қайчи	qaychi
lixa (f) de unhas	тирноқ егови	tirnoq egovi
corta-unhas (m)	тирноқ омбири	tirnoq ombiri
pinça (f)	пинцет	pintset
cosméticos (m pl)	косметика	kosmetika
máscara (f)	ниқоб	niqob
manicure (f)	маникюр	manikyur
fazer as unhas	маникюрлаш	manikyurlash
pedicure (f)	педикюр	pedikyur
bolsa (f) de maquiagem	косметичка	kosmetichka
pó (de arroz)	упа	upa
pó (m) compacto	упадон	upadon
blush (m)	қизил ёғупа	qizil yog'upa
perfume (m)	атир	atir
água-de-colônia (f)	атир	atir
loção (f)	лосон	loson
colônia (f)	атир	atir
sombra (f) de olhos	кўз бўёғи	ko'z bo'yog'i
delineador (m)	кўз қалами	ko'z qalami
máscara (f), rímel (m)	киприк бўёғи	kiprik bo'yog'i
batom (m)	лаб помадаси	lab pomadasi

esmalte (m)	тирноқ учун лок	tirnoq uchun lok
laquê (m), spray fixador (m)	соч учун лок	soch uchun lok
desodorante (m)	дезодорант	dezodorant
creme (m)	крем	krem
creme (m) de rosto	юз учун крем	yuz uchun krem
creme (m) de mãos	қўл учун крем	qo'l uchun krem
creme (m) antirrugas	ажинга қарши крем	ajinga qarshi krem
creme (m) de dia	кундузги крем	kunduzgi krem
creme (m) de noite	тунги крем	tungi krem
de dia	кундузги	kunduzgi
da noite	тунги	tungi
absorvente (m) interno	тампон	tampon
papel (m) higiênico	туалет қоғози	tualet qog'ozi
secador (m) de cabelo	фен	fen

34. Relógios de pulso. Relógios

relógio (m) de pulso	соат	soat
mostrador (m)	сиферблат	siferblat
ponteiro (m)	мил, стрелка	mil, strelka
bracelete (em aço)	браслет	braslet
bracelete (em couro)	тасмача	tasmacha
pilha (f)	батарейка	batareyka
acabar (vi)	ўтириб қолмоқ	o'tirib qolmoq
trocar a pilha	батарейка алмаштирмоқ	batareyka almashtirmoq
estar adiantado	шошмоқ	shoshmoq
estar atrasado	кечикмоқ	kechikmoq
relógio (m) de parede	девор соати	devor soati
ampulheta (f)	қум соати	qum soati
relógio (m) de sol	қуёш соати	quyosh soati
despertador (m)	будилник	budilnik
relojoeiro (m)	соатсоз	soatsoz
reparar (vt)	таъмирламоқ	ta'mirlamoq

Alimentação. Nutrição

35. Comida

carne (f)	гўшт	go'sht
galinha (f)	товуқ	tovuq
frango (m)	жўжа	jo'ja
pato (m)	ўрдак	o'rdak
ganso (m)	ғоз	g'oz
caça (f)	илвасин	ilvasin
peru (m)	курка	kurka
carne (f) de porco	чўчқа гўшти	cho'chqa go'shti
carne (f) de vitela	бузоқ гўшти	buzoq go'shti
carne (f) de carneiro	қўй гўшти	qo'y go'shti
carne (f) de vaca	мол гўшти	mol go'shti
carne (f) de coelho	қуён	quyon
linguiça (f), salsichão (m)	колбаса	kolbasa
salsicha (f)	сосиска	sosiska
bacon (m)	бекон	bekon
presunto (m)	ветчина	vetchina
pernil (m) de porco	сон гўшти	son go'shti
patê (m)	паштет	pashtet
fígado (m)	жигар	jigar
guisado (m)	қийма	qiyma
língua (f)	тил	til
ovo (m)	тухум	tuxum
ovos (m pl)	тухумлар	tuxumlar
clara (f) de ovo	тухумни оқи	tuxumni oqi
gema (f) de ovo	тухумни сариғи	tuxumni sarig'i
peixe (m)	балиқ	baliq
mariscos (m pl)	денгиз маҳсулоти	dengiz mahsuloti
crustáceos (m pl)	қисқичбақасимонлар	qisqichbaqasimonlar
caviar (m)	увилдириқ	uvildiriq
caranguejo (m)	қисқичбақа	qisqichbaqa
camarão (m)	креветка	krevetka
ostra (f)	устрица	ustritsa
lagosta (f)	лангуст	langust
polvo (m)	саккизоёқ	sakkizoyoq
lula (f)	калмар	kalmar
esturjão (m)	осётр гўшти	osyotr go'shti
salmão (m)	лосос	losos
halibute (m)	палтус	paltus
bacalhau (m)	треска	treska

cavala, sarda (f)	скумбрия	skumbriya
atum (m)	тунец	tunets
enguia (f)	илонбалиқ	ilonbaliq

truta (f)	форел	forel
sardinha (f)	сардина	sardina
lúcio (m)	чўртанбалиқ	cho'rtanbaliq
arenque (m)	селд	seld

pão (m)	нон	non
queijo (m)	пишлоқ	pishloq
açúcar (m)	қанд	qand
sal (m)	туз	tuz

arroz (m)	гуруч	guruch
massas (f pl)	макарон	makaron
talharim, miojo (m)	угра	ugra

manteiga (f)	сариёғ	sariyog'
óleo (m) vegetal	ўсимлик ёғи	o'simlik yog'i
óleo (m) de girassol	кунгабоқар ёғи	kungaboqar yog'i
margarina (f)	маргарин	margarin

| azeitonas (f pl) | зайтун | zaytun |
| azeite (m) | зайтун ёғи | zaytun yog'i |

leite (m)	сут	sut
leite (m) condensado	қуйилтирилган сут	quyiltirilgan sut
iogurte (m)	ёгурт	yogurt
creme (m) azedo	сметана	smetana
creme (m) de leite	қаймоқ	qaymoq

| maionese (f) | маёнез | mayonez |
| creme (m) | крем | krem |

grãos (m pl) de cereais	ёрма	yorma
farinha (f)	ун	un
enlatados (m pl)	консерва	konserva

flocos (m pl) de milho	маккажўхори бодроқ	makkajo'xori bodroq
mel (m)	асал	asal
geleia (m)	жем	jem
chiclete (m)	чайналадиган резинка	chaynaladigan rezinka

36. Bebidas

água (f)	сув	suv
água (f) potável	ичимлик сув	ichimlik suv
água (f) mineral	минерал сув	mineral suv

sem gás (adj)	газсиз	gazsiz
gaseificada (adj)	газланган	gazlangan
com gás	газли	gazli
gelo (m)	муз	muz

com gelo	музли	muzli
não alcoólico (adj)	алкоголсиз	alkogolsiz
refrigerante (m)	алкоголсиз ичимлик	alkogolsiz ichimlik
refresco (m)	салқин ичимлик	salqin ichimlik
limonada (f)	лимонад	limonad
bebidas (f pl) alcoólicas	спиртли ичимликлар	spirtli ichimliklar
vinho (m)	вино	vino
vinho (m) branco	оқ вино	oq vino
vinho (m) tinto	қизил вино	qizil vino
licor (m)	ликёр	likyor
champanhe (m)	шампан виноси	shampan vinosi
vermute (m)	вермут	vermut
uísque (m)	виски	viski
vodca (f)	ароқ	aroq
gim (m)	джин	djin
conhaque (m)	коняк	konyak
rum (m)	ром	rom
café (m)	кофе	kofe
café (m) preto	қора кофе	qora kofe
café (m) com leite	сутли кофе	sutli kofe
cappuccino (m)	қаймоқли кофе	qaymoqli kofe
café (m) solúvel	ерийдиган кофе	eriydigan kofe
leite (m)	сут	sut
coquetel (m)	коктейл	kokteyl
batida (f), milkshake (m)	сутли коктейл	sutli kokteyl
suco (m)	шарбат	sharbat
suco (m) de tomate	томат шарбати	tomat sharbati
suco (m) de laranja	апелсин шарбати	apelsin sharbati
suco (m) fresco	янги сиқилган шарбат	yangi siqilgan sharbat
cerveja (f)	пиво	pivo
cerveja (f) clara	оч ранг пиво	och rang pivo
cerveja (f) preta	тўқ ранг пиво	to'q rang pivo
chá (m)	чой	choy
chá (m) preto	қора чой	qora choy
chá (m) verde	кўк чой	ko'k choy

37. Vegetais

vegetais (m pl)	сабзавотлар	sabzavotlar
verdura (f)	кўкат	ko'kat
tomate (m)	помидор	pomidor
pepino (m)	бодринг	bodring
cenoura (f)	сабзи	sabzi
batata (f)	картошка	kartoshka
cebola (f)	пиёз	piyoz

alho (m)	сарймсоқ	sarimsoq
couve (f)	карам	karam
couve-flor (f)	гулкарам	gulkaram
couve-de-bruxelas (f)	брюссел карами	bryussel karami
brócolis (m pl)	брокколи карами	brokkoli karami
beterraba (f)	лавлаги	lavlagi
berinjela (f)	бақлажон	baqlajon
abobrinha (f)	қовоқча	qovoqcha
abóbora (f)	ошқовоқ	oshqovoq
nabo (m)	шолғом	sholg'om
salsa (f)	петрушка	petrushka
endro, aneto (m)	укроп	ukrop
alface (f)	салат	salat
aipo (m)	селдерей	selderey
aspargo (m)	сарсабил	sarsabil
espinafre (m)	исмалоқ	ismaloq
ervilha (f)	нўхат	no'xat
feijão (~ soja, etc.)	дуккакли ўсимликлар	dukkakli o'simliklar
milho (m)	маккажўхори	makkajo'xori
feijão (m) roxo	ловия	loviya
pimentão (m)	қалампир	qalampir
rabanete (m)	редиска	rediska
alcachofra (f)	артишок	artishok

38. Frutos. Nozes

fruta (f)	мева	meva
maçã (f)	олма	olma
pera (f)	нок	nok
limão (m)	лимон	limon
laranja (f)	апелсин	apelsin
morango (m)	қулупнай	qulupnay
tangerina (f)	мандарин	mandarin
ameixa (f)	олхўри	olxo'ri
pêssego (m)	шафтоли	shaftoli
damasco (m)	ўрик	o'rik
framboesa (f)	малина	malina
abacaxi (m)	ананас	ananas
banana (f)	банан	banan
melancia (f)	тарвуз	tarvuz
uva (f)	узум	uzum
ginja (f)	олча	olcha
cereja (f)	гилос	gilos
melão (m)	қовун	qovun
toranja (f)	грейпфрут	greypfrut
abacate (m)	авокадо	avokado
mamão (m)	папайя	papayya

manga (f)	манго	mango
romã (f)	анор	anor

groselha (f) vermelha	қизил смородина	qizil smorodina
groselha (f) negra	қора смородина	qora smorodina
groselha (f) espinhosa	крижовник	krijovnik
mirtilo (m)	черника	chernika
amora (f) silvestre	маймунжон	maymunjon

passa (f)	майиз	mayiz
figo (m)	анжир	anjir
tâmara (f)	хурмо	xurmo

amendoim (m)	ерёнғоқ	eryong'oq
amêndoa (f)	бодом	bodom
noz (f)	ёнғоқ	yong'oq
avelã (f)	ўрмон ёнғоғи	o'rmon yong'og'i
coco (m)	кокос ёнғоғи	kokos yong'og'i
pistaches (m pl)	писта	pista

39. Pão. Bolaria

pastelaria (f)	қандолат маҳсулотлари	qandolat mahsulotlari
pão (m)	нон	non
biscoito (m), bolacha (f)	печене	pechene

chocolate (m)	шоколад	shokolad
de chocolate	шоколадли	shokoladli
bala (f)	конфет	konfet
doce (bolo pequeno)	пирожное	pirojnoe
bolo (m) de aniversário	торт	tort

torta (f)	пирог	pirog
recheio (m)	начинка	nachinka

geleia (m)	мураббо	murabbo
marmelada (f)	мармелад	marmelad
wafers (m pl)	вафли	vafli
sorvete (m)	музқаймоқ	muzqaymoq
pudim (m)	пудинг	puding

40. Pratos cozinhados

prato (m)	таом	taom
cozinha (~ portuguesa)	ошхона	oshxona
receita (f)	рецепт	retsept
porção (f)	порция	portsiya

salada (f)	салат	salat
sopa (f)	шўрва	sho'rva
caldo (m)	қуруқ қайнатма шўрва	quruq qaynatma sho'rva
sanduíche (m)	бутерброд	buterbrod

ovos (m pl) fritos	тухум қуймоқ	tuxum quymoq
hambúrguer (m)	гамбургер	gamburger
bife (m)	бифштекс	bifshteks

acompanhamento (m)	гарнир	garnir
espaguete (m)	спагетти	spagetti
purê (m) de batata	картошка пюреси	kartoshka pyuresi
pizza (f)	пицца	pitstsa
mingau (m)	бўтқа	bo'tqa
omelete (f)	қуймоқ	quymoq

fervido (adj)	пиширилган	pishirilgan
defumado (adj)	дудланган	dudlangan
frito (adj)	қовурилган	qovurilgan
seco (adj)	қуритилган	quritilgan
congelado (adj)	музлатилган	muzlatilgan
em conserva (adj)	маринадланган	marinadlangan

doce (adj)	ширин	shirin
salgado (adj)	тузланган	tuzlangan
frio (adj)	совуқ	sovuq
quente (adj)	иссиқ	issiq
amargo (adj)	аччиқ	achchiq
gostoso (adj)	мазали	mazali

cozinhar em água fervente	пиширмоқ	pishirmoq
preparar (vt)	тайёрламоқ	tayyorlamoq
fritar (vt)	қовурмоқ	qovurmoq
aquecer (vt)	иситмоқ	isitmoq

salgar (vt)	тузламоқ	tuzlamoq
apimentar (vt)	мурч сепмоқ	murch sepmoq
ralar (vt)	қирғичда қирмоқ	qirg'ichda qirmoq
casca (f)	пўст	po'st
descascar (vt)	тозаламоқ	tozalamoq

41. Especiarias

sal (m)	туз	tuz
salgado (adj)	тузли	tuzli
salgar (vt)	тузламоқ	tuzlamoq

pimenta-do-reino (f)	қора мурч	qora murch
pimenta (f) vermelha	қизил қалампир	qizil qalampir
mostarda (f)	горчица	gorchitsa
raiz-forte (f)	хрен	xren

condimento (m)	зиравор	ziravor
especiaria (f)	доривор	dorivor
molho (~ inglês)	қайла	qayla
vinagre (m)	сирка	sirka

| anis estrelado (m) | анис | anis |
| manjericão (m) | райҳон | rayhon |

cravo (m)	қалампирмунчоқ	qalampirmunchoq
gengibre (m)	занжабил	zanjabil
coentro (m)	кашнич	kashnich
canela (f)	долчин	dolchin

gergelim (m)	кунжут	kunjut
folha (f) de louro	лавр япроғи	lavr yaprog'i
páprica (f)	гармдори	garmdori
cominho (m)	зира	zira
açafrão (m)	заъфарон	za'faron

42. Refeições

| comida (f) | таом | taom |
| comer (vt) | йемоқ | yemoq |

café (m) da manhã	нонушта	nonushta
tomar café da manhã	нонушта қилмоқ	nonushta qilmoq
almoço (m)	тушлик	tushlik
almoçar (vi)	тушлик қилмоқ	tushlik qilmoq
jantar (m)	кечки овқат	kechki ovqat
jantar (vi)	кечки овқатни емоқ	kechki ovqatni emoq

| apetite (m) | иштаҳа | ishtaha |
| Bom apetite! | Ёқимли иштаҳа! | Yoqimli ishtaha! |

abrir (~ uma lata, etc.)	очмоқ	ochmoq
derramar (~ líquido)	тўкмоқ	to'kmoq
derramar-se (vr)	тўкилмоқ	to'kilmoq

ferver (vi)	қайнамоқ	qaynamoq
ferver (vt)	қайнатмоқ	qaynatmoq
fervido (adj)	қайнатилган	qaynatilgan

| esfriar (vt) | совутмоқ | sovutmoq |
| esfriar-se (vr) | совутилмоқ | sovutilmoq |

| sabor, gosto (m) | таъм | ta'm |
| fim (m) de boca | қўшимча таъм | qo'shimcha ta'm |

emagrecer (vi)	озмоқ	ozmoq
dieta (f)	парҳез	parhez
vitamina (f)	витамин	vitamin
caloria (f)	калория	kaloriya

| vegetariano (m) | вегетариан | vegetarian |
| vegetariano (adj) | вегетарианча | vegetariancha |

gorduras (f pl)	ёғлар	yog'lar
proteínas (f pl)	оқсиллар	oqsillar
carboidratos (m pl)	углеводлар	uglevodlar
fatia (~ de limão, etc.)	тилимча	tilimcha
pedaço (~ de bolo)	бўлак	bo'lak
migalha (f), farelo (m)	урвоқ	urvoq

43. Por a mesa

colher (f)	қошиқ	qoshiq
faca (f)	пичоқ	pichoq
garfo (m)	санчқи	sanchqi
xícara (f)	косача	kosacha
prato (m)	тарелка	tarelka
pires (m)	ликопча	likopcha
guardanapo (m)	қўл сочиқ	qo'l sochiq
palito (m)	тиш кавлагич	tish kavlagich

44. Restaurante

restaurante (m)	ресторан	restoran
cafeteria (f)	кофехона	kofexona
bar (m), cervejaria (f)	бар	bar
salão (m) de chá	чой салони	choy saloni
garçom (m)	официант	ofitsiant
garçonete (f)	официантка	ofitsiantka
barman (m)	бармен	barmen
cardápio (m)	таомнома	taomnoma
lista (f) de vinhos	винолар рўйхати	vinolar ro'yxati
reservar uma mesa	столни банд қилмоқ	stolni band qilmoq
prato (m)	таом	taom
pedir (vt)	буюртма қилмоқ	buyurtma qilmoq
fazer o pedido	буюртма бермоқ	buyurtma bermoq
aperitivo (m)	аперитив	aperitiv
entrada (f)	газак	gazak
sobremesa (f)	десерт	desert
conta (f)	ҳисоб	hisob
pagar a conta	ҳисоб бўйича тўламоқ	hisob bo'yicha to'lamoq
dar o troco	қайтим бермоқ	qaytim bermoq
gorjeta (f)	чойчақа	choychaqa

Família, parentes e amigos

45. Informação pessoal. Formulários

nome (m)	исм	ism
sobrenome (m)	фамилия	familiya
data (f) de nascimento	туғилган сана	tug'ilgan sana
local (m) de nascimento	туғилган жойи	tug'ilgan joyi
nacionalidade (f)	миллати	millati
lugar (m) de residência	турар жойи	turar joyi
país (m)	мамлакат	mamlakat
profissão (f)	касб	kasb
sexo (m)	жинс	jins
estatura (f)	бўй	bo'y
peso (m)	вазн	vazn

46. Membros da família. Parentes

mãe (f)	она	ona
pai (m)	ота	ota
filho (m)	ўғли	o'g'li
filha (f)	қиз	qiz
caçula (f)	кичик қиз	kichik qiz
caçula (m)	кичик ўғил	kichik o'g'il
filha (f) mais velha	катта қизи	katta qizi
filho (m) mais velho	катта ўғли	katta o'g'li
irmão (m) mais velho	ака	aka
irmão (m) mais novo	ука	uka
irmã (f) mais velha	опа	opa
irmã (f) mais nova	сингил	singil
primo (m)	амакивачча, холавачча	amakivachcha, xolavachcha
prima (f)	амакивачча, холавачча	amakivachcha, xolavachcha
mamãe (f)	ойи	oyi
papai (m)	дада	dada
pais (pl)	ота-она	ota-ona
criança (f)	бола	bola
crianças (f pl)	болалар	bolalar
avó (f)	буви	buvi
avô (m)	бобо	bobo
neto (m)	невара	nevara
neta (f)	набира	nabira
netos (pl)	неваралар	nevaralar

tio (m)	амаки	amaki
tia (f)	хола	xola
sobrinho (m)	жиян	jiyan
sobrinha (f)	жиян	jiyan
sogra (f)	қайнона	qaynona
sogro (m)	қайнота	qaynota
genro (m)	куёв	kuyov
madrasta (f)	ўгай она	o'gay ona
padrasto (m)	ўгай ота	o'gay ota
criança (f) de colo	гўдак	go'dak
bebê (m)	чақалоқ	chaqaloq
menino (m)	кичкинтой	kichkintoy
mulher (f)	хотин	xotin
marido (m)	ер	er
esposo (m)	рафиқ	rafiq
esposa (f)	рафиқа	rafiqa
casado (adj)	уйланган	uylangan
casada (adj)	турмушга чиққан	turmushga chiqqan
solteiro (adj)	бўйдоқ	bo'ydoq
solteirão (m)	бўйдоқ	bo'ydoq
divorciado (adj)	ажрашган	ajrashgan
viúva (f)	бева аёл	beva ayol
viúvo (m)	бева еркак	beva erkak
parente (m)	қариндош	qarindosh
parente (m) próximo	яқин қариндош	yaqin qarindosh
parente (m) distante	узоқ қариндош	uzoq qarindosh
parentes (m pl)	қариндошлар	qarindoshlar
órfão (m), órfã (f)	йетим	yetim
tutor (m)	васий	vasiy
adotar (um filho)	ўғил қилиб олиш	o'g'il qilib olish
adotar (uma filha)	қиз қилиб олиш	qiz qilib olish

Medicina

47. Doenças

doença (f)	касаллик	kasallik
estar doente	касал бўлмоқ	kasal bo'lmoq
saúde (f)	саломатлик	salomatlik
nariz (m) escorrendo	тумов	tumov
amigdalite (f)	ангина	angina
resfriado (m)	шамоллаш	shamollash
ficar resfriado	шамолламоқ	shamollamoq
bronquite (f)	бронхит	bronxit
pneumonia (f)	ўпка яллигланиши	o'pka yalliglanishi
gripe (f)	грипп	gripp
míope (adj)	узоқни кўролмайдиган	uzoqni ko'rolmaydigan
presbita (adj)	узоқни кўрувчи	uzoqni ko'ruvchi
estrabismo (m)	ғилайлик	g'ilaylik
estrábico, vesgo (adj)	ғилай	g'ilay
catarata (f)	катаракта	katarakta
glaucoma (m)	глаукома	glaukoma
AVC (m), apoplexia (f)	инсулт	insult
ataque (m) cardíaco	инфаркт	infarkt
enfarte (m) do miocárdio	миоакард инфаркти	mioakard infarkti
paralisia (f)	фалажлик	falajlik
paralisar (vt)	фалажламоқ	falajlamoq
alergia (f)	аллергия	allergiya
asma (f)	астма	astma
diabetes (f)	диабет	diabet
dor (f) de dente	тиш оғриғи	tish og'rig'i
cárie (f)	кариес	karies
diarreia (f)	диарея	diareya
prisão (f) de ventre	қабзият	qabziyat
desarranjo (m) intestinal	меъда бузилиши	me'da buzilishi
intoxicação (f) alimentar	заҳарланиш	zaharlanish
intoxicar-se	заҳарланмоқ	zaharlanmoq
artrite (f)	артрит	artrit
raquitismo (m)	рахит	raxit
reumatismo (m)	бод	bod
arteriosclerose (f)	атеросклероз	ateroskleroz
gastrite (f)	гастрит	gastrit
apendicite (f)	аппендецин	appendetsin

| colecistite (f) | холецистит | xoletsistit |
| úlcera (f) | ошқозон яраси | oshqozon yarasi |

sarampo (m)	қизамиқ	qizamiq
rubéola (f)	қизилча	qizilcha
icterícia (f)	сариқ касали	sariq kasali
hepatite (f)	гепатит	gepatit

esquizofrenia (f)	шизофрения	shizofreniya
raiva (f)	қутуриш	quturish
neurose (f)	невроз	nevroz
contusão (f) cerebral	миянинг чайқалиши	miyaning chayqalishi

câncer (m)	саратон	saraton
esclerose (f)	склероз	skleroz
esclerose (f) múltipla	паришонхотир склероз	parishonxotir skleroz

alcoolismo (m)	алкоголизм	alkogolizm
alcoólico (m)	алкоголик	alkogolik
sífilis (f)	сифилис	sifilis
AIDS (f)	ОИТС	OITS

tumor (m)	ўсма	o'sma
maligno (adj)	хавфли	xavfli
benigno (adj)	безарар	bezarar
febre (f)	иситмали қалтироқ	isitmali qaltiroq
malária (f)	безгак	bezgak
gangrena (f)	қорасон	qorason
enjoo (m)	денгиз касали	dengiz kasali
epilepsia (f)	тутқаноқ	tutqanoq

epidemia (f)	епидемия	epidemiya
tifo (m)	терлама	terlama
tuberculose (f)	сил	sil
cólera (f)	вабо	vabo
peste (f) bubônica	ўлат	o'lat

48. Sintomas. Tratamentos. Parte 1

sintoma (m)	симптом	simptom
temperatura (f)	ҳарорат	harorat
febre (f)	юқори ҳарорат	yuqori harorat
pulso (m)	пулс	puls

vertigem (f)	бош айланиши	bosh aylanishi
quente (testa, etc.)	иссиқ	issiq
calafrio (m)	қалтироқ	qaltiroq
pálido (adj)	рангпар	rangpar

tosse (f)	йўтал	yo'tal
tossir (vi)	йўталмоқ	yo'talmoq
espirrar (vi)	аксирмоқ	aksirmoq
desmaio (m)	беҳушлик	behushlik
desmaiar (vi)	ҳушидан кетиб қолмоқ	hushidan ketib qolmoq

mancha (f) preta	мўматалоқ	mo'mataloq
galo (m)	ғурра	g'urra
machucar-se (vr)	урилмоқ	urilmoq
contusão (f)	урилган жой	urilgan joy
machucar-se (vr)	уриб олмоқ	urib olmoq

mancar (vi)	чўлоқланиш	cho'loqlanish
deslocamento (f)	чиқиқ	chiqiq
deslocar (vt)	чиқармоқ	chiqarmoq
fratura (f)	синдириш	sindirish
fraturar (vt)	синдириб олмоқ	sindirib olmoq

corte (m)	кесилган жой	kesilgan joy
cortar-se (vr)	кесиб олиш	kesib olish
hemorragia (f)	қон кетиш	qon ketish

| queimadura (f) | куйиш | kuyish |
| queimar-se (vr) | куймоқ | kuymoq |

picar (vt)	санчмоқ	sanchmoq
picar-se (vr)	санчиб олмоқ	sanchib olmoq
lesionar (vt)	яраламоқ	yaralamoq
lesão (m)	жароҳат	jarohat
ferida (f), ferimento (m)	яра	yara
trauma (m)	жароҳатланиш	jarohatlanish

delirar (vi)	алаҳламоқ	alahlamoq
gaguejar (vi)	дудуқланмоқ	duduqlanmoq
insolação (f)	қуёш уриши	quyosh urishi

49. Sintomas. Tratamentos. Parte 2

| dor (f) | оғриқ | og'riq |
| farpa (no dedo, etc.) | зирапча | zirapcha |

suor (m)	тер	ter
suar (vi)	терламоқ	terlamoq
vômito (m)	қайт қилиш	qayt qilish
convulsões (f pl)	томир тортишиш	tomir tortishish

grávida (adj)	ҳомиладор	homilador
nascer (vi)	туғилмоқ	tug'ilmoq
parto (m)	туғиш	tug'ish
dar à luz	туғмоқ	tug'moq
aborto (m)	аборт	abort

respiração (f)	нафас	nafas
inspiração (f)	нафас олиш	nafas olish
expiração (f)	нафас чиқариш	nafas chiqarish
expirar (vi)	нафас чиқармоқ	nafas chiqarmoq
inspirar (vi)	нафас олмоқ	nafas olmoq

| inválido (m) | ногирон | nogiron |
| aleijado (m) | мажруҳ | majruh |

drogado (m)	гиёхванд	giyohvand
surdo (adj)	кар	kar
mudo (adj)	соқов	soqov
surdo-mudo (adj)	кар-соқов	kar-soqov

louco, insano (adj)	жинни	jinni
louco (m)	жинни еркак	jinni erkak
louca (f)	жинни аёл	jinni ayol
ficar louco	ақлдан озиш	aqldan ozish

gene (m)	ген	gen
imunidade (f)	иммунитет	immunitet
hereditário (adj)	ирсий	irsiy
congênito (adj)	туғма	tug'ma

vírus (m)	вирус	virus
micróbio (m)	микроб	mikrob
bactéria (f)	бактерия	bakteriya
infecção (f)	инфекция	infektsiya

50. Sintomas. Tratamentos. Parte 3

| hospital (m) | касалхона | kasalxona |
| paciente (m) | даволанувчи | davolanuvchi |

diagnóstico (m)	ташхис	tashxis
cura (f)	даволаниш	davolanish
tratamento (m) médico	даволаш	davolash
curar-se (vr)	даволанмоқ	davolanmoq
tratar (vt)	даволамоқ	davolamoq
cuidar (pessoa)	қарамоқ	qaramoq
cuidado (m)	муолажа	muolaja

operação (f)	операция	operatsiya
enfaixar (vt)	ярани боғламоқ	yarani bog'lamoq
enfaixamento (m)	ярани боғлаш	yarani bog'lash

vacinação (f)	емлаш	emlash
vacinar (vt)	емламоқ	emlamoq
injeção (f)	укол	ukol
dar uma injeção	укол қилмоқ	ukol qilmoq

ataque (~ de asma, etc.)	хуруж, тутқаноқ	xuruj, tutqanoq
amputação (f)	кесиб ташлаш	kesib tashlash
amputar (vt)	кесиб ташламоқ	kesib tashlamoq
coma (f)	кома	koma
estar em coma	кома ҳолатида бўлмоқ	koma holatida bo'lmoq
reanimação (f)	реанимация	reanimatsiya

recuperar-se (vr)	соғайиш	sog'ayish
estado (~ de saúde)	аҳвол	ahvol
consciência (perder a ~)	хуш	hush
memória (f)	хотира	xotira
tirar (vt)	суғурмоқ	sug'urmoq

| obturação (f) | пломба | plomba |
| obturar (vt) | пломбаламоқ | plombalamoq |

| hipnose (f) | гипноз | gipnoz |
| hipnotizar (vt) | гипноз қилмоқ | gipnoz qilmoq |

51. Médicos

médico (m)	шифокор	shifokor
enfermeira (f)	тиббий ҳамшира	tibbiy hamshira
médico (m) pessoal	шахсий шифокор	shaxsiy shifokor

dentista (m)	тиш шифокори	tish shifokori
oculista (m)	кўз шифокори	ko'z shifokori
terapeuta (m)	терапевт	terapevt
cirurgião (m)	жарроҳ	jarroh

psiquiatra (m)	психиатр	psixiatr
pediatra (m)	педиатр	pediatr
psicólogo (m)	психолог	psixolog
ginecologista (m)	гинеколог	ginekolog
cardiologista (m)	кардиолог	kardiolog

52. Medicina. Drogas. Acessórios

medicamento (m)	дори-дармон	dori-darmon
remédio (m)	даволаш воситалари	davolash vositalari
receitar (vt)	ёзиб бермоқ	yozib bermoq
receita (f)	рецепт	retsept

comprimido (m)	таблетка дори	tabletka dori
unguento (m)	малҳам дори	malham dori
ampola (f)	ампула	ampula
solução, preparado (m)	суюқ дори	suyuq dori
xarope (m)	қиём	qiyom
cápsula (f)	ҳапдори	hapdori
pó (m)	кукун дори	kukun dori

atadura (f)	бинт	bint
algodão (m)	пахта	paxta
iodo (m)	ёд	yod

curativo (m) adesivo	пластир	plastir
conta-gotas (m)	доритомизгич	doritomizgich
termômetro (m)	тиббий термометр	tibbiy termometr
seringa (f)	шприц	shprits

| cadeira (f) de rodas | аравача | aravacha |
| muletas (f pl) | қўлтиқтаёқ | qo'ltiqtayoq |

| analgésico (m) | оғриқсизлантирувчи | og'riqsizlantiruvchi |
| laxante (m) | сурги дори | surgi dori |

álcool (m)	**спирт**	spirt
ervas (f pl) medicinais	**доривор ўт**	dorivor o't
de ervas (chá ~)	**ўтли**	o'tli

HABITAT HUMANO

Cidade

53. Cidade. Vida na cidade

cidade (f)	шаҳар	shahar
capital (f)	пойтахт	poytaxt
aldeia (f)	қишлоқ	qishloq
mapa (m) da cidade	шаҳар чизмаси	shahar chizmasi
centro (m) da cidade	шаҳар маркази	shahar markazi
subúrbio (m)	шаҳарга туташ ҳудуд	shaharga tutash hudud
suburbano (adj)	шаҳар атрофидаги	shahar atrofidagi
periferia (f)	чекка	chekka
arredores (m pl)	теварак атрофдаги ҳудудлар	tevarak atrofdagi hududlar
quarteirão (m)	даҳа	daha
quarteirão (m) residencial	турар-жой даҳаси	turar-joy dahasi
tráfego (m)	ҳаракат	harakat
semáforo (m)	светофор	svetofor
transporte (m) público	шаҳар транспорти	shahar transporti
cruzamento (m)	чорраҳа	chorraha
faixa (f)	ўтиш йўли	o'tish yo'li
túnel (m) subterrâneo	ер ости ўтиш йўли	er osti o'tish yo'li
cruzar, atravessar (vt)	ўтиш	o'tish
pedestre (m)	йўловчи	yo'lovchi
calçada (f)	йўлка	yo'lka
ponte (f)	кўприк	ko'prik
margem (f) do rio	сув бўйидаги кўча	suv bo'yidagi ko'cha
fonte (f)	фонтан	fontan
alameda (f)	хиёбон	xiyobon
parque (m)	боғ	bog'
bulevar (m)	булвар	bulvar
praça (f)	майдон	maydon
avenida (f)	шоҳ кўча	shoh ko'cha
rua (f)	кўча	ko'cha
travessa (f)	тор кўча	tor ko'cha
beco (m) sem saída	боши берк кўча	boshi berk ko'cha
casa (f)	уй	uy
edifício, prédio (m)	бино	bino
arranha-céu (m)	осмонўпар бино	osmono'par bino
fachada (f)	фасад	fasad

telhado (m)	том	tom
janela (f)	дераза	deraza
arco (m)	равоқ	ravoq
coluna (f)	устун	ustun
esquina (f)	бурчак	burchak

vitrine (f)	витрина	vitrina
letreiro (m)	вивеска	viveska
cartaz (do filme, etc.)	афиша	afisha
cartaz (m) publicitário	реклама плакати	reklama plakati
painel (m) publicitário	реклама шчити	reklama shchiti

lixo (m)	ахлат	axlat
lata (f) de lixo	ахлатдон	axlatdon
jogar lixo na rua	ифлос қилмоқ	iflos qilmoq
aterro (m) sanitário	ахлатхона	axlatxona

orelhão (m)	телефон будкаси	telefon budkasi
poste (m) de luz	фонар осиладиган столба	fonar osiladigan stolba
banco (m)	скамейка	skameyka

polícia (f)	полициячи	politsiyachi
polícia (instituição)	полиция	politsiya
mendigo, pedinte (m)	гадой	gadoy
desabrigado (m)	бошпанасиз	boshpanasiz

54. Instituições urbanas

loja (f)	дўкон	do'kon
drogaria (f)	дорихона	dorixona
ótica (f)	оптика	optika
centro (m) comercial	савдо маркази	savdo markazi
supermercado (m)	супермаркет	supermarket

padaria (f)	нон дўкони	non do'koni
padeiro (m)	новвой	novvoy
pastelaria (f)	қандолат дўкони	qandolat do'koni
mercearia (f)	баққоллик	baqqollik
açougue (m)	гўшт дўкони	go'sht do'koni

| fruteira (f) | сабзавот дўкони | sabzavot do'koni |
| mercado (m) | бозор | bozor |

cafeteria (f)	кафе	kafe
restaurante (m)	ресторан	restoran
bar (m)	пивохона	pivoxona
pizzaria (f)	пиццерия	pitstseriya

salão (m) de cabeleireiro	сартарошхона	sartaroshxona
agência (f) dos correios	почта	pochta
lavanderia (f)	химчистка	ximchistka
estúdio (m) fotográfico	фотоателе	fotoatele
sapataria (f)	пояфзал дўкони	poyafzal do'koni
livraria (f)	китоб дўкони	kitob do'koni

loja (f) de artigos esportivos	спорт анжомлари дўкони	sport anjomlari do'koni
costureira (m)	кийим таъмири	kiyim ta'miri
aluguel (m) de roupa	кийимни ижарага бериш	kiyimni ijaraga berish
videolocadora (f)	филмларни ижарага бериш	filmlarni ijaraga berish
circo (m)	сирк	sirk
jardim (m) zoológico	ҳайвонот боғи	hayvonot bog'i
cinema (m)	кинотеатр	kinoteatr
museu (m)	музей	muzey
biblioteca (f)	кутубхона	kutubxona
teatro (m)	театр	teatr
ópera (f)	опера	opera
boate (casa noturna)	тунги клуб	tungi klub
cassino (m)	казино	kazino
mesquita (f)	мачит	machit
sinagoga (f)	синагога	sinagoga
catedral (f)	бош черков	bosh cherkov
templo (m)	ибодатхона	ibodatxona
igreja (f)	черков	cherkov
faculdade (f)	институт	institut
universidade (f)	университет	universitet
escola (f)	мактаб	maktab
prefeitura (f)	префектура	prefektura
câmara (f) municipal	мерия	meriya
hotel (m)	меҳмонхона	mehmonxona
banco (m)	банк	bank
embaixada (f)	елчихона	elchixona
agência (f) de viagens	сайёҳлик агентлиги	sayyohlik agentligi
agência (f) de informações	маълумотхона	ma'lumotxona
casa (f) de câmbio	алмаштириш шохобчаси	almashtirish shoxobchasi
metrô (m)	метро	metro
hospital (m)	касалхона	kasalxona
posto (m) de gasolina	бензин қуйиш шохобчаси	benzin quyish shoxobchasi
parque (m) de estacionamento	тўхташ жойи	to'xtash joyi

55. Sinais

letreiro (m)	вивеска	viveska
aviso (m)	ёзув	yozuv
cartaz, pôster (m)	плакат	plakat
placa (f) de direção	кўрсаткич	ko'rsatkich
seta (f)	мил	mil
aviso (advertência)	огоҳлантириш	ogohlantirish
sinal (m) de aviso	огоҳлантириш	ogohlantirish
avisar, advertir (vt)	огоҳлантирмоқ	ogohlantirmoq

dia (m) de folga	дам олиш куни	dam olish kuni
horário (~ dos trens, etc.)	жадвал	jadval
horário (m)	иш соатлари	ish soatlari

BEM-VINDOS!	ХУСХ КЕЛИБСИЗ!	XUSH KELIBSIZ!
ENTRADA	КИРИСХ	KIRISH
SAÍDA	СХИКИСХ	CHIQISH

EMPURRE	ЎЗИДАН НАРИГА	O'ZIDAN NARIGA
PUXE	ЎЗИГА	O'ZIGA
ABERTO	ОСХИК	OCHIQ
FECHADO	ЙОПИК	YOPIQ

MULHER	АЙОЛЛАР УСХУН	AYOLLAR UCHUN
HOMEM	ЕРКАКЛАР УСХУН	ERKAKLAR UCHUN

DESCONTOS	КАМАЙТИРИЛГАН НАРХЛАР	KAMAYTIRILGAN NARXLAR
SALDOS, PROMOÇÃO	АРЗОН СОТИБ ТУГАТИСХ	ARZON SOTIB TUGATISH
NOVIDADE!	ЙАНГИЛИК!	YANGILIK!
GRÁTIS	БЕПУЛ	BEPUL

ATENÇÃO!	ДИККАТ!	DIQQAT!
NÃO HÁ VAGAS	ЖОЙ ЙЎК	JOY YO'Q
RESERVADO	БАНД КИЛИНГАН	BAND QILINGAN

ADMINISTRAÇÃO	МАЪМУРИЙАТ	MA'MURIYAT
SOMENTE PESSOAL	ФАКАТ ХОДИМЛАР	FAQAT XODIMLAR
AUTORIZADO	УСХУН	UCHUN

CUIDADO CÃO FEROZ	КОПАГОН ИТ	QOPAG'ON IT
PROIBIDO FUMAR!	СХЕКИЛМАСИН!	CHEKILMASIN!
NÃO TOCAR	КЎЛ БИЛАН ТЕГИЛМАСИН!	QO'L BILAN TEGILMASIN!

PERIGOSO	ХАВФЛИ	XAVFLI
PERIGO	ХАВФ	XAVF
ALTA TENSÃO	ЙУКОРИ КУСХЛАНИСХ	YUQORI KUCHLANISH
PROIBIDO NADAR	СХЎМИЛИСХ ТАКИКЛАНГАН	CHO'MILISH TAQIQLANGAN
COM DEFEITO	ИСХЛАМАЙДИ	ISHLAMAYDI

INFLAMÁVEL	ЙОНГИНДАН ХАВФЛИ	YONG'INDAN XAVFLI
PROIBIDO	ТАКИКЛАНГАН	TAQIQLANGAN
ENTRADA PROIBIDA	ЎТИСХ ТАКИКЛАНГАН	O'TISH TAQIQLANGAN
CUIDADO TINTA FRESCA	БЎЙАЛГАН	BO'YALGAN

56. Transportes urbanos

ônibus (m)	автобус	avtobus
bonde (m) elétrico	трамвай	tramvay
trólebus (m)	троллейбус	trolleybus
rota (f), itinerário (m)	маршрут	marshrut
número (m)	раکам	raqam

ir de … (carro, etc.)	… да бормоқ	… da bormoq
entrar no …	ўтирмоқ	o'tirmoq
descer do …	тушиб қолмоқ	tushib qolmoq
parada (f)	бекат	bekat
próxima parada (f)	кейинги бекат	keyingi bekat
terminal (m)	охирги бекат	oxirgi bekat
horário (m)	жадвал	jadval
esperar (vt)	кутмоқ	kutmoq
passagem (f)	чипта	chipta
tarifa (f)	чипта нархи	chipta narxi
bilheteiro (m)	кассачи	kassachi
controle (m) de passagens	назорат	nazorat
revisor (m)	назоратчи	nazoratchi
atrasar-se (vr)	кечга қолмоқ	kechga qolmoq
perder (o autocarro, etc.)	… га кечга қолмоқ	… ga kechga qolmoq
estar com pressa	шошмоқ	shoshmoq
táxi (m)	такси	taksi
taxista (m)	таксичи	taksichi
de táxi (ir ~)	таксида	taksida
ponto (m) de táxis	такси тўхташ жойи	taksi to'xtash joyi
chamar um táxi	такси чақирмоқ	taksi chaqirmoq
pegar um táxi	такси олмоқ	taksi olmoq
tráfego (m)	кўча ҳаракати	ko'cha harakati
engarrafamento (m)	тирбандлик	tirbandlik
horas (f pl) de pico	тиғиз пайт	tig'iz payt
estacionar (vi)	жойлаштирмоқ	joylashtirmoq
estacionar (vt)	жойлаштирмоқ	joylashtirmoq
parque (m) de estacionamento	тўхташ жойи	to'xtash joyi
metrô (m)	метро	metro
estação (f)	станция	stantsiya
ir de metrô	метрода юрмоқ	metroda yurmoq
trem (m)	поезд	poezd
estação (f) de trem	вокзал	vokzal

57. Turismo

monumento (m)	ҳайкал	haykal
fortaleza (f)	қалъа	qal'a
palácio (m)	сарой	saroy
castelo (m)	қаср	qasr
torre (f)	минора	minora
mausoléu (m)	мақбара	maqbara
arquitetura (f)	меъморчилик	me'morchilik
medieval (adj)	ўрта асрларга оид	o'rta asrlarga oid
antigo (adj)	қадимги	qadimgi
nacional (adj)	миллий	milliy

famoso, conhecido (adj)	таниқли	taniqli
turista (m)	сайёҳ	sayyoh
guia (pessoa)	гид	gid
excursão (f)	екскурсия	ekskursiya
mostrar (vt)	кўрсатмоқ	ko'rsatmoq
contar (vt)	сўзлаб бермоқ	so'zlab bermoq
encontrar (vt)	топмоқ	topmoq
perder-se (vr)	йўқолмоқ	yo'qolmoq
mapa (~ do metrô)	схема	sxema
mapa (~ da cidade)	чизма	chizma
lembrança (f), presente (m)	ёдгорлик	yodgorlik
loja (f) de presentes	ёдгорликлар дўкони	yodgorliklar do'koni
tirar fotos, fotografar	фотосурат олмоқ	fotosurat olmoq
fotografar-se (vr)	суратга тушмоқ	suratga tushmoq

58. Compras

comprar (vt)	харид қилмоқ	xarid qilmoq
compra (f)	харид	xarid
fazer compras	буюмларни харид қилмоқ	buyumlarni xarid qilmoq
compras (f pl)	шоппинг	shopping
estar aberta (loja)	ишламоқ	ishlamoq
estar fechada	ёпилмоқ	yopilmoq
calçado (m)	пояфзал	poyafzal
roupa (f)	кийим	kiyim
cosméticos (m pl)	косметика	kosmetika
alimentos (m pl)	маҳсулотлар	mahsulotlar
presente (m)	совға	sovg'a
vendedor (m)	сотувчи	sotuvchi
vendedora (f)	сотувчи	sotuvchi
caixa (f)	касса	kassa
espelho (m)	кўзгу	ko'zgu
balcão (m)	пештахта	peshtaxta
provador (m)	кийиб кўриш кабинаси	kiyib ko'rish kabinasi
provar (vt)	кийиб кўриш	kiyib ko'rish
servir (roupa, caber)	лойиқ келмоқ	loyiq kelmoq
gostar (apreciar)	ёқмоқ	yoqmoq
preço (m)	нарх	narx
etiqueta (f) de preço	нархкўрсаткич	narxko'rsatkich
custar (vt)	нархга ега бўлмоқ	narxga ega bo'lmoq
Quanto?	Қанча?	Qancha?
desconto (m)	нархни камайтириш	narxni kamaytirish
não caro (adj)	қиммат емас	qimmat emas
barato (adj)	арзон	arzon
caro (adj)	қиммат	qimmat

É caro	Бу қиммат.	Bu qimmat.
aluguel (m)	ижарага олиш	ijaraga olish
alugar (roupas, etc.)	ижарага олмоқ	ijaraga olmoq
crédito (m)	кредит	kredit
a crédito	кредитга олиш	kreditga olish

59. Dinheiro

dinheiro (m)	пул	pul
câmbio (m)	алмаштириш	almashtirish
taxa (f) de câmbio	курс	kurs
caixa (m) eletrônico	банкомат	bankomat
moeda (f)	танга	tanga

| dólar (m) | доллар | dollar |
| euro (m) | евро | evro |

lira (f)	лира	lira
marco (m)	марка	marka
franco (m)	франк	frank
libra (f) esterlina	фунт стерлинг	funt sterling
iene (m)	йена	yena

dívida (f)	қарз	qarz
devedor (m)	қарздор	qarzdor
emprestar (vt)	қарз бермоқ	qarz bermoq
pedir emprestado	қарз олмоқ	qarz olmoq

banco (m)	банк	bank
conta (f)	ҳисоб рақам	hisob raqam
depositar (vt)	қўймоқ	qo'ymoq
depositar na conta	ҳисоб-рақамга қўймоқ	hisob-raqamga qo'ymoq
sacar (vt)	ҳисоб-рақамдан олмоқ	hisob-raqamdan olmoq

cartão (m) de crédito	кредит картаси	kredit kartasi
dinheiro (m) vivo	нақд пул	naqd pul
cheque (m)	чек	chek
passar um cheque	чек ёзиб бермоқ	chek yozib bermoq
talão (m) de cheques	чек дафтарчаси	chek daftarchasi

carteira (f)	кармон	karmon
niqueleira (f)	ҳамён	hamyon
cofre (m)	сейф	seyf

herdeiro (m)	меросхўр	merosxo'r
herança (f)	мерос	meros
fortuna (riqueza)	бойлик	boylik

arrendamento (m)	ижара	ijara
aluguel (pagar o ~)	турар-жой ҳақи	turar-joy haqi
alugar (vt)	ижарага олмоқ	ijaraga olmoq

| preço (m) | нарх | narx |
| custo (m) | қиймат | qiymat |

soma (f)	сумма	summa
gastar (vt)	сарфламоқ	sarflamoq
gastos (m pl)	харажатлар	xarajatlar
economizar (vi)	тежамоқ	tejamoq
econômico (adj)	тежамкор	tejamkor
pagar (vt)	тўламоқ	to'lamoq
pagamento (m)	тўлов	to'lov
troco (m)	қайтим	qaytim
imposto (m)	солиқ	soliq
multa (f)	жарима	jarima
multar (vt)	жарима солмоқ	jarima solmoq

60. Correios. Serviço postal

agência (f) dos correios	почта	pochta
correio (m)	почта	pochta
carteiro (m)	хат ташувчи	xat tashuvchi
horário (m)	иш соатлари	ish soatlari
carta (f)	хат	xat
carta (f) registada	буюртма хат	buyurtma xat
cartão (m) postal	откритка	otkritka
telegrama (m)	телеграмма	telegramma
encomenda (f)	посилка	posilka
transferência (f) de dinheiro	пул ўтказиш	pul o'tkazish
receber (vt)	олмоқ	olmoq
enviar (vt)	жўнатмоқ	jo'natmoq
envio (m)	жўнатиш	jo'natish
endereço (m)	манзил	manzil
código (m) postal	индекс	indeks
remetente (m)	юборувчи	yuboruvchi
destinatário (m)	олувчи	oluvchi
nome (m)	исм	ism
sobrenome (m)	фамилия	familiya
tarifa (f)	тариф	tarif
ordinário (adj)	оддий	oddiy
econômico (adj)	тежамли	tejamli
peso (m)	вазн	vazn
pesar (estabelecer o peso)	вазн ўлчамоқ	vazn o'lchamoq
envelope (m)	конверт	konvert
selo (m) postal	марка	marka
colar o selo	марка ёпиштирмоқ	marka yopishtirmoq

Moradia. Casa. Lar

61. Casa. Eletricidade

eletricidade (f)	електр	elektr
lâmpada (f)	лампочка	lampochka
interruptor (m)	улатгич	ulatgich
fusível, disjuntor (m)	пробка	probka
fio, cabo (m)	сим	sim
instalação (f) elétrica	електр сими	elektr simi
medidor (m) de eletricidade	ҳисоблагич	hisoblagich
indicação (f), registro (m)	кўрсатиш	ko'rsatish

62. Moradia. Mansão

casa (f) de campo	шаҳар ташқарисидаги уй	shahar tashqarisidagi uy
vila (f)	вилла	villa
ala (~ do edifício)	қанот	qanot
jardim (m)	боғ	bog'
parque (m)	боғ	bog'
estufa (f)	оранжерея	oranjereya
cuidar de ...	парвариш қилмоқ	parvarish qilmoq
piscina (f)	ҳовуз	hovuz
academia (f) de ginástica	спорт зали	sport zali
quadra (f) de tênis	теннис корти	tennis korti
cinema (m)	кинотеатр	kinoteatr
garagem (f)	гараж	garaj
propriedade (f) privada	хусусий мулк	xususiy mulk
terreno (m) privado	хусусий мулк	xususiy mulk
advertência (f)	огоҳлантириш	ogohlantirish
sinal (m) de aviso	огоҳлантирувчи ёзув	ogohlantiruvchi yozuv
guarda (f)	қўриқлаш	qo'riqlash
guarda (m)	соқчи	soqchi
alarme (m)	сигнализация	signalizatsiya

63. Apartamento

apartamento (m)	хонадон	xonadon
quarto, cômodo (m)	хона	xona
quarto (m) de dormir	ётоқхона	yotoqxona

sala (f) de jantar	йемакхона	yemakxona
sala (f) de estar	меҳмонхона	mehmonxona
escritório (m)	кабинет	kabinet
sala (f) de entrada	даҳлиз	dahliz
banheiro (m)	ваннахона	vannaxona
lavabo (m)	ҳожатхона	hojatxona
teto (m)	шип	ship
chão, piso (m)	пол	pol
canto (m)	бурчак	burchak

64. Mobiliário. Interior

mobiliário (m)	мебел	mebel
mesa (f)	стол	stol
cadeira (f)	стул	stul
cama (f)	каравот	karavot
sofá, divã (m)	диван	divan
poltrona (f)	кресло	kreslo
estante (f)	жавон	javon
prateleira (f)	полка	polka
guarda-roupas (m)	шкаф	shkaf
cabide (m) de parede	кийим илгич	kiyim ilgich
cabideiro (m) de pé	кийим илгич	kiyim ilgich
cômoda (f)	комод	komod
mesinha (f) de centro	журнал столи	jurnal stoli
espelho (m)	кўзгу	ko'zgu
tapete (m)	гилам	gilam
tapete (m) pequeno	гиламча	gilamcha
lareira (f)	камин	kamin
vela (f)	шам	sham
castiçal (m)	шамдон	shamdon
cortinas (f pl)	дарпарда	darparda
papel (m) de parede	гулқоғоз	gulqog'oz
persianas (f pl)	дарпарда	darparda
luminária (f) de mesa	стол чироғи	stol chirog'i
luminária (f) de parede	чироқ	chiroq
abajur (m) de pé	торшер	torsher
lustre (m)	қандил	qandil
pé (de mesa, etc.)	оёқ	oyoq
braço, descanso (m)	тирсаклагич	tirsaklagich
costas (f pl)	суянчиқ	suyanchiq
gaveta (f)	ғаладон	g'aladon

65. Quarto de dormir

roupa (f) de cama	чойшаб	choyshab
travesseiro (m)	ёстиқ	yostiq
fronha (f)	ёстиқ жилди	yostiq jildi
cobertor (m)	адёл	adyol
lençol (m)	чойшаб	choyshab
colcha (f)	ўрин ёпинғичи	o'rin yoping'ichi

66. Cozinha

cozinha (f)	ошхона	oshxona
gás (m)	газ	gaz
fogão (m) a gás	газ плитаси	gaz plitasi
fogão (m) elétrico	електр плитаси	elektr plitasi
forno (m)	духовка	duxovka
forno (m) de micro-ondas	микротўлқин печи	mikroto'lqin pechi
geladeira (f)	совутгич	sovutgich
congelador (m)	музлатгич	muzlatgich
máquina (f) de lavar louça	идиш-товоқ	idish-tovoq
	ювиш машинаси	yuvish mashinasi
moedor (m) de carne	гўштқиймалагич	go'shtqiymalagich
espremedor (m)	шарбациққич	sharbatsiqqich
torradeira (f)	тостер	toster
batedeira (f)	миксер	mikser
máquina (f) de café	кофе қайнатадиган асбоб	kofe qaynatadigan asbob
cafeteira (f)	кофе қайнатадиган идиш	kofe qaynatadigan idish
moedor (m) de café	кофе туядиган асбоб	kofe tuyadigan asbob
chaleira (f)	чойнак	choynak
bule (m)	чойнак	choynak
tampa (f)	қопқоқ	qopqoq
coador (m) de chá	сузгич	suzgich
colher (f)	қошиқ	qoshiq
colher (f) de chá	чой қошиғи	choy qoshig'i
colher (f) de sopa	ош қошиғи	osh qoshig'i
garfo (m)	санчқи	sanchqi
faca (f)	пичоқ	pichoq
louça (f)	идиш-товоқ	idish-tovoq
prato (m)	тарелка	tarelka
pires (m)	ликопча	likopcha
cálice (m)	қадаҳ	qadah
copo (m)	стакан	stakan
xícara (f)	косача	kosacha
açucareiro (m)	қанддон	qanddon
saleiro (m)	туздон	tuzdon

| pimenteiro (m) | мурчдон | murchdon |
| manteigueira (f) | мой идиши | moy idishi |

panela (f)	кастрюл	kastryul
frigideira (f)	това	tova
concha (f)	чўмич	cho'mich
coador (m)	човли	chovli
bandeja (f)	патнис	patnis

garrafa (f)	бутилка	butilka
pote (m) de vidro	банка	banka
lata (~ de cerveja)	банка	banka

abridor (m) de garrafa	очқич	ochqich
abridor (m) de latas	очқич	ochqich
saca-rolhas (m)	штопор	shtopor
filtro (m)	филтр	filtr
filtrar (vt)	филтрлаш	filtrlash

| lixo (m) | ахлат | axlat |
| lixeira (f) | ахлат челак | axlat chelak |

67. Casa de banho

banheiro (m)	ваннахона	vannaxona
água (f)	сув	suv
torneira (f)	жўмрак	jo'mrak
água (f) quente	иссиқ сув	issiq suv
água (f) fria	совуқ сув	sovuq suv

pasta (f) de dente	тиш пастаси	tish pastasi
escovar os dentes	тиш тозаламоқ	tish tozalamoq
escova (f) de dente	тиш чўткаси	tish cho'tkasi

barbear-se (vr)	соқол олмоқ	soqol olmoq
espuma (f) de barbear	соқол олиш учун кўпик	soqol olish uchun ko'pik
gilete (f)	устара	ustara

lavar (vt)	ювмоқ	yuvmoq
tomar banho	ювинмоқ	yuvinmoq
chuveiro (m), ducha (f)	душ	dush
tomar uma ducha	душ қабул қилиш	dush qabul qilish

banheira (f)	ванна	vanna
vaso (m) sanitário	унитаз	unitaz
pia (f)	раковина	rakovina

| sabonete (m) | совун | sovun |
| saboneteira (f) | совун қути | sovun quti |

esponja (f)	губка	gubka
xampu (m)	шампун	shampun
toalha (f)	сочиқ	sochiq
roupão (m) de banho	халат	xalat

lavagem (f)	кир ювиш	kir yuvish
lavadora (f) de roupas	кир ювиш машинаси	kir yuvish mashinasi
lavar a roupa	кир ювмоқ	kir yuvmoq
detergente (m)	кир ювиш порошоги	kir yuvish poroshogi

68. Eletrodomésticos

televisor (m)	телевизор	televizor
gravador (m)	магнитофон	magnitofon
videogravador (m)	видеомагнитофон	videomagnitofon
rádio (m)	приёмник	priyomnik
leitor (m)	плеер	pleer

projetor (m)	видеопроектор	videoproektor
cinema (m) em casa	уй кинотеатри	uy kinoteatri
DVD Player (m)	ДВД проигривателы	DVD proigrivateli
amplificador (m)	кучайтиргич	kuchaytirgich
console (f) de jogos	ўйин приставкаси	o'yin pristavkasi

câmera (f) de vídeo	видеокамера	videokamera
máquina (f) fotográfica	фотоаппарат	fotoapparat
câmera (f) digital	рақамли фотоаппарат	raqamli fotoapparat

aspirador (m)	чангютгич	changyutgich
ferro (m) de passar	дазмол	dazmol
tábua (f) de passar	дазмол тахта	dazmol taxta

telefone (m)	телефон	telefon
celular (m)	мобил телефон	mobil telefon
máquina (f) de escrever	ёзув машинкаси	yozuv mashinkasi
máquina (f) de costura	тикув машинкаси	tikuv mashinkasi

microfone (m)	микрофон	mikrofon
fone (m) de ouvido	наушниклар	naushniklar
controle remoto (m)	пулт	pult

CD (m)	СД-диск	CD-disk
fita (f) cassete	кассета	kasseta
disco (m) de vinil	пластинка	plastinka

ATIVIDADES HUMANAS

Emprego. Negócios. Parte 1

69. Escritório. O trabalho no escritório

escritório (~ de advogados)	офис	ofis
escritório (do diretor, etc.)	кабинет	kabinet
recepção (f)	ресепшн	resepshn
secretário (m)	котиб	kotib
secretária (f)	котиба	kotiba
diretor (m)	директор	direktor
gerente (m)	менежер	menejer
contador (m)	бухгалтер	buxgalter
empregado (m)	ходим	xodim
mobiliário (m)	мебел	mebel
mesa (f)	стол	stol
cadeira (f)	кресло	kreslo
gaveteiro (m)	жовонча	jovoncha
cabideiro (m) de pé	кийим илгич	kiyim ilgich
computador (m)	компютер	kompyuter
impressora (f)	принтер	printer
fax (m)	факс	faks
fotocopiadora (f)	нусха кўпайтирувчи аппарат	nusxa ko'paytiruvchi apparat
papel (m)	қоғоз	qog'oz
artigos (m pl) de escritório	канцелярия буюмлари	kantselyariya buyumlari
tapete (m) para mouse	гиламча	gilamcha
folha (f)	варақ	varaq
pasta (f)	папка	papka
catálogo (m)	каталог	katalog
lista (f) telefônica	маълумотнома	ma'lumotnoma
documentação (f)	хужжатлар	hujjatlar
brochura (f)	рисола	risola
panfleto (m)	варақа	varaqa
amostra (f)	намуна	namuna
formação (f)	тренинг	trening
reunião (f)	кенгаш	kengash
hora (f) de almoço	тушлик танаффуси	tushlik tanaffusi
fazer uma cópia	нусха кўчирмоқ	nusxa ko'chirmoq
tirar cópias	кўпайтирмоқ	ko'paytirmoq
receber um fax	факс олмоқ	faks olmoq

enviar um fax	факс юбормоқ	faks yubormoq
fazer uma chamada	қўнғироқ қилмоқ	qo'ng'iroq qilmoq
responder (vt)	жавоб бермоқ	javob bermoq
passar (vt)	уламоқ	ulamoq
marcar (vt)	тайинламоқ	tayinlamoq
demonstrar (vt)	намойиш қилмоқ	namoyish qilmoq
estar ausente	йўқ бўлмоқ	yo'q bo'lmoq
ausência (f)	йўқлик, қолдириш	yo'qlik, qoldirish

70. Processos negociais. Parte 1

negócio (m)	тадбиркорлик	tadbirkorlik
ocupação (f)	иш	ish
firma, empresa (f)	фирма	firma
companhia (f)	компания	kompaniya
corporação (f)	корпорация	korporatsiya
empresa (f)	корхона	korxona
agência (f)	агентлик	agentlik
acordo (documento)	шартнома	shartnoma
contrato (m)	контракт	kontrakt
acordo (transação)	битим	bitim
pedido (m)	буюртма	buyurtma
termos (m pl)	шарт	shart
por atacado	улгуржи	ulgurji
por atacado (adj)	улгуржи	ulgurji
venda (f) por atacado	улгуржи савдо	ulgurji savdo
a varejo	чакана	chakana
venda (f) a varejo	чакана савдо	chakana savdo
concorrente (m)	рақобатчи	raqobatchi
concorrência (f)	рақобат	raqobat
competir (vi)	рақобат қилмоқ	raqobat qilmoq
sócio (m)	ҳамкор	hamkor
parceria (f)	ҳамкорлик	hamkorlik
crise (f)	инқироз	inqiroz
falência (f)	банкротлик	bankrotlik
entrar em falência	банкрот бўлмоқ	bankrot bo'lmoq
dificuldade (f)	қийинчилик	qiyinchilik
problema (m)	муаммо	muammo
catástrofe (f)	ҳалокат	halokat
economia (f)	иқтисод	iqtisod
econômico (adj)	иқтисодий	iqtisodiy
recessão (f) econômica	иқтисодий инқироз	iqtisodiy inqiroz
objetivo (m)	мақсад	maqsad
tarefa (f)	масала	masala
comerciar (vi, vt)	савдо қилмоқ	savdo qilmoq
rede (de distribuição)	тармоқ	tarmoq

estoque (m)	омбор	ombor
sortimento (m)	ассортимент	assortiment
líder (m)	етакчи	etakchi
grande (~ empresa)	йирик	yirik
monopólio (m)	монополия	monopoliya
teoria (f)	назария	nazariya
prática (f)	амалиёт	amaliyot
experiência (f)	тажриба	tajriba
tendência (f)	тенденция	tendentsiya
desenvolvimento (m)	ривожланиш	rivojlanish

71. Processos negociais. Parte 2

rentabilidade (f)	фойда	foyda
rentável (adj)	фойдали	foydali
delegação (f)	делегация	delegatsiya
salário, ordenado (m)	иш ҳақи	ish haqi
corrigir (~ um erro)	тузатмоқ	tuzatmoq
viagem (f) de negócios	хизмат сафари	xizmat safari
comissão (f)	комиссия	komissiya
controlar (vt)	назорат қилмоқ	nazorat qilmoq
conferência (f)	конференция	konferentsiya
licença (f)	лицензия	litsenziya
confiável (adj)	ишончли	ishonchli
empreendimento (m)	ташаббус	tashabbus
norma (f)	меъёр	me'yor
circunstância (f)	вазият	vaziyat
dever (do empregado)	мажбурият	majburiyat
empresa (f)	ташкилот	tashkilot
organização (f)	ташкиллаштириш	tashkillashtirish
organizado (adj)	ташкил қилинган	tashkil qilingan
anulação (f)	бекор қилиш	bekor qilish
anular, cancelar (vt)	бекор қилмоқ	bekor qilmoq
relatório (m)	ҳисобот	hisobot
patente (f)	патент	patent
patentear (vt)	патентлаш	patentlash
planejar (vt)	режаламоқ	rejalamoq
bônus (m)	мукофот	mukofot
profissional (adj)	профессионал	professional
procedimento (m)	бажариладиган иш тартиби	bajariladigan ish tartibi
examinar (~ a questão)	кўриб чиқмоқ	ko'rib chiqmoq
cálculo (m)	ҳисоб-китоб	hisob-kitob
reputação (f)	обрў	obro'
risco (m)	таваккал	tavakkal

dirigir (~ uma empresa)	бошқармоқ	boshqarmoq
informação (f)	маълумотлар	ma'lumotlar
propriedade (f)	мулк	mulk
união (f)	иттифоқ	ittifoq
seguro (m) de vida	ҳаётни суғурта қилиш	hayotni sug'urta qilish
fazer um seguro	суғурта қилиш	sug'urta qilish
seguro (m)	суғурта	sug'urta
leilão (m)	ким ошди савдоси	kim oshdi savdosi
notificar (vt)	билдирмоқ	bildirmoq
gestão (f)	бошқарув	boshqaruv
serviço (indústria de ~s)	хизмат	xizmat
fórum (m)	форум	forum
funcionar (vi)	ишламоқ	ishlamoq
estágio (m)	босқич	bosqich
jurídico, legal (adj)	ҳуқуқий	huquqiy
advogado (m)	ҳуқуқшунос	huquqshunos

72. Produção. Trabalhos

usina (f)	завод	zavod
fábrica (f)	фабрика	fabrika
oficina (f)	сех	sex
local (m) de produção	ишлаб чиқариш	ishlab chiqarish
indústria (f)	саноат	sanoat
industrial (adj)	саноат	sanoat
indústria (f) pesada	оғир саноат	og'ir sanoat
indústria (f) ligeira	енгил саноат	engil sanoat
produção (f)	маҳсулот	mahsulot
produzir (vt)	ишлаб чиқармоқ	ishlab chiqarmoq
matérias-primas (f pl)	хомашё	xomashyo
chefe (m) de obras	бригада бошлиғи	brigada boshlig'i
equipe (f)	бригада	brigada
operário (m)	ишчи	ishchi
dia (m) de trabalho	иш куни	ish kuni
intervalo (m)	танаффус	tanaffus
reunião (f)	мажлис	majlis
discutir (vt)	муҳокама қилмоқ	muhokama qilmoq
plano (m)	режа	reja
cumprir o plano	режани бажармоқ	rejani bajarmoq
taxa (f) de produção	меъёр	me'yor
qualidade (f)	сифат	sifat
controle (m)	назорат	nazorat
controle (m) da qualidade	сифат назорати	sifat nazorati
segurança (f) no trabalho	меҳнат хавфсизлиги	mehnat xavfsizligi
disciplina (f)	интизом	intizom

infração (f)	бузиш	buzish
violar (as regras)	бузмоқ	buzmoq
greve (f)	иш ташлаш	ish tashlash
grevista (m)	иш ташловчи	ish tashlovchi
estar em greve	иш ташламоқ	ish tashlamoq
sindicato (m)	касаба уюшмаси	kasaba uyushmasi
inventar (vt)	ихтиро қилмоқ	ixtiro qilmoq
invenção (f)	ихтиро	ixtiro
pesquisa (f)	тадқиқот	tadqiqot
melhorar (vt)	яхшиламоқ	yaxshilamoq
tecnologia (f)	технология	texnologiya
desenho (m) técnico	чизма	chizma
carga (f)	юк	yuk
carregador (m)	юкчи	yukchi
carregar (o caminhão, etc.)	юкламоқ	yuklamoq
carregamento (m)	юклаш	yuklash
descarregar (vt)	юк туширмоқ	yuk tushirmoq
descarga (f)	юк тушириш	yuk tushirish
transporte (m)	транспорт	transport
companhia (f) de transporte	транспорт компанияси	transport kompaniyasi
transportar (vt)	транпортда ташимоқ	tranportda tashimoq
vagão (m) de carga	вагон	vagon
tanque (m)	систерна	sisterna
caminhão (m)	юк машинаси	yuk mashinasi
máquina (f) operatriz	дастгоҳ	dastgoh
mecanismo (m)	механизм	mexanizm
resíduos (m pl) industriais	чиқиндилар	chiqindilar
embalagem (f)	жойлаш	joylash
embalar (vt)	жойламоқ	joylamoq

73. Contrato. Acordo

contrato (m)	контракт	kontrakt
acordo (m)	келишув	kelishuv
adendo, anexo (m)	илова	ilova
assinar o contrato	контракт тузмоқ	kontrakt tuzmoq
assinatura (f)	имзо	imzo
assinar (vt)	имзоламоқ	imzolamoq
carimbo (m)	муҳр	muhr
objeto (m) do contrato	шартнома мавзуи	shartnoma mavzui
cláusula (f)	модда, банд	modda, band
partes (f pl)	томонлар	tomonlar
domicílio (m) legal	юридик манзил	yuridik manzil
violar o contrato	контрактни бузмоқ	kontraktni buzmoq
obrigação (f)	мажбурият	majburiyat

responsabilidade (f)	масъулият	mas'uliyat
força (f) maior	форс-мажор	fors-major
litígio (m), disputa (f)	баҳс	bahs
multas (f pl)	жарима санкциялари	jarima sanktsiyalari

74. Importação & Exportação

importação (f)	импорт	import
importador (m)	импортчи	importchi
importar (vt)	импорт қилмоқ	import qilmoq
de importação	импорт қилинган	import qilingan
exportação (f)	експорт	eksport
exportador (m)	експортчи	eksportchi
exportar (vt)	експорт қилмоқ	eksport qilmoq
de exportação	експорт қилинадиган	eksport qilinadigan
mercadoria (f)	товар	tovar
lote (de mercadorias)	партия	partiya
peso (m)	вазн	vazn
volume (m)	ҳажм	hajm
metro (m) cúbico	куб метр	kub metr
produtor (m)	ишлаб чиқарувчи	ishlab chiqaruvchi
companhia (f) de transporte	транспорт компанияси	transport kompaniyasi
contêiner (m)	контейнер	konteyner
fronteira (f)	чегара	chegara
alfândega (f)	божхона	bojxona
taxa (f) alfandegária	божхона божи	bojxona boji
funcionário (m) da alfândega	божхона ходими	bojxona xodimi
contrabando (atividade)	контрабанда	kontrabanda
contrabando (produtos)	контрабанда	kontrabanda

75. Finanças

ação (f)	акция	aktsiya
obrigação (f)	облигация	obligatsiya
nota (f) promissória	вексел	veksel
bolsa (f) de valores	биржа	birja
cotação (m) das ações	акциялар курси	aktsiyalar kursi
tornar-se mais barato	арзонлашмоқ	arzonlashmoq
tornar-se mais caro	қимматлашмоқ	qimmatlashmoq
parte (f)	ҳисса, бадал	hissa, badal
participação (f) majoritária	назорат пакети	nazorat paketi
investimento (m)	инвестициялар	investitsiyalar
investir (vt)	инвестиция қилмоқ	investitsiya qilmoq
porcentagem (f)	фоиз	foiz

juros (m pl)	процент, фойда	protsent, foyda
lucro (m)	фойда	foyda
lucrativo (adj)	фойдали	foydali
imposto (m)	солиқ	soliq

divisa (f)	валюта	valyuta
nacional (adj)	миллий	milliy
câmbio (m)	алмаштириш	almashtirish

| contador (m) | бухгалтер | buxgalter |
| contabilidade (f) | бухгалтерия | buxgalteriya |

falência (f)	банкротлик	bankrotlik
falência, quebra (f)	барбод бўлиш	barbod bo'lish
ruína (f)	хонавайрон бўлиш	xonavayron bo'lish
estar quebrado	хонавайрон бўлмоқ	xonavayron bo'lmoq
inflação (f)	инфляция	inflyatsiya
desvalorização (f)	девалвация	devalvatsiya

capital (m)	сармоя	sarmoya
rendimento (m)	даромад	daromad
volume (m) de negócios	айланма	aylanma
recursos (m pl)	ресурслар	resurslar
recursos (m pl) financeiros	пул маблағлари	pul mablag'lari

| despesas (f pl) gerais | қўшимча харажатлар | qo'shimcha xarajatlar |
| reduzir (vt) | қисқартирмоқ | qisqartirmoq |

76. Marketing

marketing (m)	маркетинг	marketing
mercado (m)	бозор	bozor
segmento (m) do mercado	бозор сегменти	bozor segmenti
produto (m)	маҳсулот	mahsulot
mercadoria (f)	товар	tovar

marca (f)	бренд	brend
marca (f) registrada	савдо белгиси	savdo belgisi
logotipo (m)	фирма белгиси	firma belgisi
logo (m)	логотип	logotip

demanda (f)	талаб	talab
oferta (f)	таклиф	taklif
necessidade (f)	еҳтиёж	ehtiyoj
consumidor (m)	истеъмолчи	iste'molchi

análise (f)	таҳлил	tahlil
analisar (vt)	таҳлил қилмоқ	tahlil qilmoq
posicionamento (m)	позициялаш	pozitsiyalash
posicionar (vt)	позицияламоқ	pozitsiyalamoq

preço (m)	нарх	narx
política (f) de preços	нарх-наво сиёсати	narx-navo siyosati
formação (f) de preços	нархнинг белгиланиши	narxning belgilanishi

77. Publicidade

publicidade (f)	реклама	reklama
fazer publicidade	реклама қилмоқ	reklama qilmoq
orçamento (m)	бюджет	byudjet
anúncio (m)	реклама	reklama
publicidade (f) na TV	телереклама	telereklama
publicidade (f) na rádio	радиода реклама бериш	radioda reklama berish
publicidade (f) exterior	ташқи реклама	tashqi reklama
comunicação (f) de massa	оммавий ахборот воситалари	ommaviy axborot vositalari
periódico (m)	даврий нашрлар	davriy nashrlar
imagem (f)	имиж	imij
slogan (m)	шиор	shior
mote (m), lema (f)	шиор, девиз	shior, deviz
campanha (f)	кампания	kampaniya
campanha (f) publicitária	реклама кампанияси	reklama kampaniyasi
grupo (m) alvo	мақсадли аудитория	maqsadli auditoriya
cartão (m) de visita	визит карточкаси	vizit kartochkasi
panfleto (m)	варақа	varaqa
brochura (f)	рисола	risola
folheto (m)	буклет	buklet
boletim (~ informativo)	бюллетен	byulleten
letreiro (m)	вивеска	viveska
cartaz, pôster (m)	плакат	plakat
painel (m) publicitário	шчит	shchit

78. Banca

banco (m)	банк	bank
balcão (f)	бўлим	bo'lim
consultor (m) bancário	маслаҳатчи	maslahatchi
gerente (m)	бошқарувчи	boshqaruvchi
conta (f)	ҳисоб рақам	hisob raqam
número (m) da conta	ҳисоб-рақам сони	hisob-raqam soni
conta (f) corrente	жорий ҳисоб-рақами	joriy hisob-raqami
conta (f) poupança	жамғарма ҳисоб-рақами	jamg'arma hisob-raqami
abrir uma conta	ҳисоб-рақамни очмоқ	hisob-raqamni ochmoq
fechar uma conta	ҳисоб-рақамни ёпмоқ	hisob-raqamni yopmoq
depositar na conta	ҳисоб-рақамга қўймоқ	hisob-raqamga qo'ymoq
sacar (vt)	ҳисоб-рақамдан олмоқ	hisob-raqamdan olmoq
depósito (m)	омонат	omonat
fazer um depósito	омонат қўймоқ	omonat qo'ymoq

transferência (f) bancária	ўтказиш	o'tkazish
transferir (vt)	ўтказмоқ	o'tkazmoq
soma (f)	сумма	summa
Quanto?	Қанча?	Qancha?
assinatura (f)	имзо	imzo
assinar (vt)	имзоламоқ	imzolamoq
cartão (m) de crédito	кредит картаси	kredit kartasi
senha (f)	код	kod
número (m) do cartão de crédito	кредит картасининг тартиб рақами	kredit kartasining tartib raqami
caixa (m) eletrônico	банкомат	bankomat
cheque (m)	чек	chek
passar um cheque	чек ёзиб бермоқ	chek yozib bermoq
talão (m) de cheques	чек дафтарчаси	chek daftarchasi
empréstimo (m)	кредит	kredit
pedir um empréstimo	кредит олиш учун мурожаат қилмоқ	kredit olish uchun murojaat qilmoq
obter empréstimo	кредит олмоқ	kredit olmoq
dar um empréstimo	кредит бермоқ	kredit bermoq
garantia (f)	кафолат	kafolat

79. Telefone. Conversação telefônica

telefone (m)	телефон	telefon
celular (m)	мобил телефон	mobil telefon
secretária (f) eletrônica	автоматик жавоб берувчи	avtomatik javob beruvchi
fazer uma chamada	қўнғироқ қилмоқ	qo'ng'iroq qilmoq
chamada (f)	қўнғироқ	qo'ng'iroq
discar um número	рақам термоқ	raqam termoq
Alô!	Алло!	Allo!
perguntar (vt)	сўрамоқ	so'ramoq
responder (vt)	жавоб бермоқ	javob bermoq
ouvir (vt)	эшитмоқ	eshitmoq
bem	яхши	yaxshi
mal	ёмон	yomon
ruído (m)	халал берувчи шовқин	xalal beruvchi shovqin
fone (m)	трубка	trubka
pegar o telefone	трубкани олмоқ	trubkani olmoq
desligar (vi)	трубкани қўймоқ	trubkani qo'ymoq
ocupado (adj)	банд	band
tocar (vi)	жирингламоқ	jiringlamoq
lista (f) telefônica	телефон китоби	telefon kitobi
local (adj)	маҳаллий	mahalliy
chamada (f) local	маҳаллий қўнғироқ	mahalliy qo'ng'iroq

de longa distância	шаҳарлараро	shaharlararo
chamada (f) de longa distância	шаҳарлараро қўнғироқ	shaharlararo qo'ng'iroq
internacional (adj)	халқаро	xalqaro
chamada (f) internacional	халқаро қўнғироқ	xalqaro qo'ng'iroq

80. Telefone móvel

celular (m)	мобил телефон	mobil telefon
tela (f)	дисплей	displey
botão (m)	тугма	tugma
cartão SIM (m)	СИМ-карта	SIM-karta
bateria (f)	батарея	batareya
descarregar-se (vr)	разрядка бўлмоқ	razryadka bo'lmoq
carregador (m)	заряд қилиш мосламаси	zaryad qilish moslamasi
menu (m)	меню	menyu
configurações (f pl)	созлашлар	sozlashlar
melodia (f)	мелодия	melodiya
escolher (vt)	танламоқ	tanlamoq
calculadora (f)	калкулятор	kalkulyator
correio (m) de voz	автоматик жавоб берувчи	avtomatik javob beruvchi
despertador (m)	будилник	budilnik
contatos (m pl)	телефон китоби	telefon kitobi
mensagem (f) de texto	СМС-хабар	SMS-xabar
assinante (m)	абонент	abonent

81. Estacionário

caneta (f)	ручка	ruchka
caneta (f) tinteiro	пероли ручка	peroli ruchka
lápis (m)	қалам	qalam
marcador (m) de texto	маркер	marker
caneta (f) hidrográfica	фломастер	flomaster
bloco (m) de notas	ён дафтарча	yon daftarcha
agenda (f)	кундалик	kundalik
régua (f)	чизғич	chizg'ich
calculadora (f)	калкулятор	kalkulyator
borracha (f)	ўчирғич	o'chirg'ich
alfinete (m)	кнопка	knopka
clipe (m)	қисқич	qisqich
cola (f)	елим	elim
grampeador (m)	степлер	stepler
furador (m) de papel	тешгич	teshgich
apontador (m)	точилка	tochilka

82. Tipos de negócios

serviços (m pl) de contabilidade	бухгалтерлик хизматлари	buxgalterlik xizmatlari
publicidade (f)	реклама	reklama
agência (f) de publicidade	реклама агентлиги	reklama agentligi
ar (m) condicionado	кондиционерлар	konditsionerlar
companhia (f) aérea	авиакомпания	aviakompaniya
bebidas (f pl) alcoólicas	спиртли ичимликлар	spirtli ichimliklar
comércio (m) de antiguidades	антиквариат	antikvariat
galeria (f) de arte	галерея	galereya
serviços (m pl) de auditoria	аудиторлик хизматлари	auditorlik xizmatlari
negócios (m pl) bancários	банк бизнеси	bank biznesi
bar (m)	бар	bar
salão (m) de beleza	гўзаллик салони	go'zallik saloni
livraria (f)	китоб дўкони	kitob do'koni
cervejaria (f)	пиво заводи	pivo zavodi
centro (m) de escritórios	бизнес-марказ	biznes-markaz
escola (f) de negócios	бизнес-мактаб	biznes-maktab
cassino (m)	казино	kazino
construção (f)	қурилиш	qurilish
consultoria (f)	консалтинг	konsalting
clínica (f) dentária	стоматология	stomatologiya
design (m)	дизайн	dizayn
drogaria (f)	дорихона	dorixona
lavanderia (f)	химчистка	ximchistka
agência (f) de emprego	кадрлар агентлиги	kadrlar agentligi
serviços (m pl) financeiros	молиявий хизматлар	moliyaviy xizmatlar
alimentos (m pl)	озиқ-овқат маҳсулотлари	oziq-ovqat mahsulotlari
funerária (f)	дафн бюроси	dafn byurosi
mobiliário (m)	мебел	mebel
roupa (f)	кийим	kiyim
hotel (m)	меҳмонхона	mehmonxona
sorvete (m)	музқаймоқ	muzqaymoq
indústria (f)	саноат	sanoat
seguro (~ de vida, etc.)	суғурта	sug'urta
internet (f)	интернет	internet
investimento (m)	инвестициялар	investitsiyalar
joalheiro (m)	заргар	zargar
joias (f pl)	заргарлик буюмлари	zargarlik buyumlari
lavanderia (f)	кир ювиш ишхонаси	kir yuvish ishxonasi
assessorias (f pl) jurídicas	юридик хизматлар	yuridik xizmatlar
indústria (f) ligeira	енгил саноат	engil sanoat
revista (f)	журнал	jurnal
vendas (f pl) por catálogo	каталог бойича савдо	katalog boyicha savdo
medicina (f)	медицина	meditsina
cinema (m)	кинотеатр	kinoteatr

museu (m)	музей	muzey
agência (f) de notícias	ахборот агентлиги	axborot agentligi
jornal (m)	газета	gazeta
boate (casa noturna)	тунги клуб	tungi klub
petróleo (m)	нефт	neft
serviços (m pl) de remessa	курерлик хизмати	kurerlik xizmati
indústria (f) farmacêutica	фармацевтика	farmatsevtika
tipografia (f)	полиграфия	poligrafiya
editora (f)	нашриёт	nashriyot
rádio (m)	радио	radio
imobiliário (m)	кўчмас мулк	ko'chmas mulk
restaurante (m)	ресторан	restoran
empresa (f) de segurança	соқчилик агентлиги	soqchilik agentligi
esporte (m)	спорт	sport
bolsa (f) de valores	биржа	birja
loja (f)	дўкон	do'kon
supermercado (m)	супермаркет	supermarket
piscina (f)	ҳовуз	hovuz
alfaiataria (f)	ателе	atele
televisão (f)	телевидение	televidenie
teatro (m)	театр	teatr
comércio (m)	савдо	savdo
serviços (m pl) de transporte	ташишлар	tashishlar
viagens (f pl)	туризм	turizm
veterinário (m)	ветеринар	veterinar
armazém (m)	омбор	ombor
recolha (f) do lixo	ахлатни чиқариш	axlatni chiqarish

Emprego. Negócios. Parte 2

83. Espetáculo. Feira

feira, exposição (f)	кўргазма	koʻrgazma
feira (f) comercial	савдо кўргазмаси	savdo koʻrgazmasi
participação (f)	иштирок этиш	ishtirok etish
participar (vi)	иштирок этмоқ	ishtirok etmoq
participante (m)	иштирокчи	ishtirokchi
diretor (m)	директор	direktor
direção (f)	ташкилий қумита дирекцияси	tashkiliy qumita direktsiyasi
organizador (m)	ташкилотчи	tashkilotchi
organizar (vt)	ташкил қилмоқ	tashkil qilmoq
ficha (f) de inscrição	иштирок талабномаси	ishtirok talabnomasi
preencher (vt)	тўлдирмоқ	toʻldirmoq
detalhes (m pl)	тафсилотлар	tafsilotlar
informação (f)	маълумот	maʼlumot
preço (m)	нарх	narx
incluindo	қўшиб	qoʻshib
incluir (vt)	қўшмоқ	qoʻshmoq
pagar (vt)	тўламоқ	toʻlamoq
taxa (f) de inscrição	рўйхатга олиш бадали	roʻyxatga olish badali
entrada (f)	кириш	kirish
pavilhão (m), salão (f)	павилон	pavilon
inscrever (vt)	рўйхатга олмоқ	roʻyxatga olmoq
crachá (m)	бедж	bedj
stand (m)	стенд	stend
reservar (vt)	захира қилиб қўймоқ	zaxira qilib qoʻymoq
vitrine (f)	витрина	vitrina
lâmpada (f)	чироқ	chiroq
design (m)	дизайн	dizayn
pôr (posicionar)	жойлаштирмоқ	joylashtirmoq
ser colocado, -a	жолашмоқ	jolashmoq
distribuidor (m)	дистрибютор	distribyutor
fornecedor (m)	етказиб берувчи	etkazib beruvchi
fornecer (vt)	етказиб бермоқ	etkazib bermoq
país (m)	мамлакат	mamlakat
estrangeiro (adj)	чет ел	chet el
produto (m)	маҳсулот	mahsulot
associação (f)	ассоциация	assotsiatsiya

sala (f) de conferência	конференц-зал	konferents-zal
congresso (m)	конгресс	kongress
concurso (m)	конкурс	konkurs

visitante (m)	келувчи	keluvchi
visitar (vt)	келиб кўрмоқ	kelib ko'rmoq
cliente (m)	буюртмачи	buyurtmachi

84. Ciência. Investigação. Cientistas

ciência (f)	илм-фан	ilm-fan
científico (adj)	илмий	ilmiy
cientista (m)	олим	olim
teoria (f)	назария	nazariya

axioma (m)	аксиома	aksioma
análise (f)	таҳлил	tahlil
analisar (vt)	таҳлил қилмоқ	tahlil qilmoq
argumento (m)	далил	dalil
substância (f)	модда	modda

hipótese (f)	фараз	faraz
dilema (m)	дилемма	dilemma
tese (f)	диссертация	dissertatsiya
dogma (m)	ақида	aqida

doutrina (f)	таълимот	ta'limot
pesquisa (f)	тадқиқот	tadqiqot
pesquisar (vt)	тадқиқ қилмоқ	tadqiq qilmoq
testes (m pl)	синовлар	sinovlar
laboratório (m)	лаборатория	laboratoriya

método (m)	метод	metod
molécula (f)	молекула	molekula
monitoramento (m)	мониторинг	monitoring
descoberta (f)	кашфиёт	kashfiyot

postulado (m)	постулат	postulat
princípio (m)	тамойил	tamoyil
prognóstico (previsão)	олдиндан айтиш	oldindan aytish
prognosticar (vt)	олдиндан айтмоқ	oldindan aytmoq

síntese (f)	синтез	sintez
tendência (f)	тенденция	tendentsiya
teorema (m)	теорема	teorema

ensinamentos (m pl)	таълимот	ta'limot
fato (m)	далил	dalil
expedição (f)	експедиция	ekspeditsiya
experiência (f)	експеримент	eksperiment

acadêmico (m)	академик	akademik
bacharel (m)	бакалавр	bakalavr
doutor (m)	доктор	doktor

professor (m) associado	**доцент**	dotsent
mestrado (m)	**магистр**	magistr
professor (m)	**профессор**	professor

Profissões e ocupações

85. Procura de emprego. Demissão

trabalho (m)	иш	ish
equipe (f)	штат	shtat
carreira (f)	еришиладиган мавқе	erishiladigan mavqe
perspectivas (f pl)	истиқбол	istiqbol
habilidades (f pl)	маҳорат	mahorat
seleção (f)	танлаш	tanlash
agência (f) de emprego	кадрлар агентлиги	kadrlar agentligi
currículo (m)	резюме	rezyume
entrevista (f) de emprego	суҳбатлашиш	suhbatlashish
vaga (f)	бўш ўрин	bo'sh o'rin
salário (m)	иш ҳақи	ish haqi
salário (m) fixo	маош	maosh
pagamento (m)	ҳақ	haq
cargo (m)	лавозим	lavozim
dever (do empregado)	вазифа	vazifa
gama (f) de deveres	доира	doira
ocupado (adj)	банд	band
despedir, demitir (vt)	ишдан бўшатмоқ	ishdan bo'shatmoq
demissão (f)	ишдан бўшаш	ishdan bo'shash
desemprego (m)	ишсизлик	ishsizlik
desempregado (m)	ишсиз	ishsiz
aposentadoria (f)	нафақа	nafaqa
aposentar-se (vr)	нафақага чиқиш	nafaqaga chiqish

86. Gente de negócios

diretor (m)	директор	direktor
gerente (m)	бошқарувчи	boshqaruvchi
patrão, chefe (m)	раҳбар	rahbar
superior (m)	бошлиқ	boshliq
superiores (m pl)	бошлиқлар	boshliqlar
presidente (m)	президент	prezident
chairman (m)	раис	rais
substituto (m)	ўринбосар	o'rinbosar
assistente (m)	ёрдамчи	yordamchi
secretário (m)	котиб	kotib

secretário (m) pessoal	шахсий котиб	shaxsiy kotib
homem (m) de negócios	бизнесмен	biznesmen
empreendedor (m)	тадбиркор	tadbirkor
fundador (m)	асосчи	asoschi
fundar (vt)	асос солмоқ	asos solmoq
principiador (m)	таъсисчи	ta'sischi
parceiro, sócio (m)	ҳамкор	hamkor
acionista (m)	акциядор	aktsiyador
milionário (m)	миллионер	millioner
bilionário (m)	миллиардер	milliarder
proprietário (m)	era	ega
proprietário (m) de terras	ер егаси	er egasi
cliente (m)	мижоз	mijoz
cliente (m) habitual	доимий мижоз	doimiy mijoz
comprador (m)	харидор	xaridor
visitante (m)	келувчи	keluvchi
profissional (m)	профессионал	professional
perito (m)	експерт	ekspert
especialista (m)	мутахассис	mutaxassis
banqueiro (m)	банкир	bankir
corretor (m)	брокер	broker
caixa (m, f)	кассачи	kassachi
contador (m)	бухгалтер	buxgalter
guarda (m)	соқчи	soqchi
investidor (m)	инвестор	investor
devedor (m)	қарздор	qarzdor
credor (m)	кредитор	kreditor
mutuário (m)	қарз олувчи	qarz oluvchi
importador (m)	импортчи	importchi
exportador (m)	експортчи	eksportchi
produtor (m)	ишлаб чиқарувчи	ishlab chiqaruvchi
distribuidor (m)	дистрибьютор	distribyutor
intermediário (m)	воситачи	vositachi
consultor (m)	маслаҳатчи	maslahatchi
representante comercial	вакил	vakil
agente (m)	агент	agent
agente (m) de seguros	суғурта агенти	sug'urta agenti

87. Profissões de serviços

cozinheiro (m)	ошпаз	oshpaz
chefe (m) de cozinha	бош ошпаз	bosh oshpaz
padeiro (m)	новвой	novvoy
barman (m)	бармен	barmen

garçom (m)	официант	ofitsiant
garçonete (f)	официантка	ofitsiantka
advogado (m)	адвокат	advokat
jurista (m)	ҳуқуқшунос	huquqshunos
notário (m)	нотариус	notarius
eletricista (m)	монтёр	montyor
encanador (m)	сантехник	santexnik
carpinteiro (m)	дурадгор	duradgor
massagista (m)	массажчи	massajchi
massagista (f)	массажчи аёл	massajchi ayol
médico (m)	шифокор	shifokor
taxista (m)	таксичи	taksichi
condutor (automobilista)	шофёр	shofyor
entregador (m)	курер	kurer
camareira (f)	ходима	xodima
guarda (m)	соқчи	soqchi
aeromoça (f)	стюардесса	styuardessa
professor (m)	ўқитувчи	o'qituvchi
bibliotecário (m)	кутубхоначи	kutubxonachi
tradutor (m)	таржимон	tarjimon
intérprete (m)	таржимон	tarjimon
guia (m)	гид	gid
cabeleireiro (m)	сартарош	sartarosh
carteiro (m)	почтачи	pochtachi
vendedor (m)	сотувчи	sotuvchi
jardineiro (m)	боғбон	bog'bon
criado (m)	хизматкор	xizmatkor
criada (f)	хизматкор аёл	xizmatkor ayol
empregada (f) de limpeza	фаррош	farrosh

88. Profissões militares e postos

soldado (m) raso	оддий аскар	oddiy askar
sargento (m)	сержант	serjant
tenente (m)	лейтенант	leytenant
capitão (m)	капитан	kapitan
major (m)	маёр	mayor
coronel (m)	полковник	polkovnik
general (m)	генерал	general
marechal (m)	маршал	marshal
almirante (m)	адмирал	admiral
militar (m)	ҳарбий	harbiy
soldado (m)	аскар	askar
oficial (m)	зобит	zobit

comandante (m)	командир	komandir
guarda (m) de fronteira	чегарачи	chegarachi
operador (m) de rádio	радист	radist
explorador (m)	разведкачи	razvedkachi
sapador-mineiro (m)	сапёр	sapyor
atirador (m)	ўқчи	o'qchi
navegador (m)	штурман	shturman

89. Oficiais. Padres

rei (m)	қирол	qirol
rainha (f)	қиролича	qirolicha
príncipe (m)	шаҳзода	shahzoda
princesa (f)	малика	malika
czar (m)	подшо	podsho
czarina (f)	малика	malika
presidente (m)	президент	prezident
ministro (m)	министр	ministr
primeiro-ministro (m)	бош вазир	bosh vazir
senador (m)	сенатор	senator
diplomata (m)	дипломат	diplomat
cônsul (m)	консул	konsul
embaixador (m)	елчи	elchi
conselheiro (m)	маслаҳатчи	maslahatchi
funcionário (m)	амалдор	amaldor
prefeito (m)	префект	prefekt
Presidente (m) da Câmara	мер	mer
juiz (m)	судя	sudya
procurador (m)	прокурор	prokuror
missionário (m)	миссионер	missioner
monge (m)	монах	monax
abade (m)	аббат	abbat
rabino (m)	раввин	ravvin
vizir (m)	вазир	vazir
xá (m)	шоҳ	shoh
xeique (m)	шайх	shayx

90. Profissões agrícolas

abelheiro (m)	асаларичи	asalarichi
pastor (m)	чўпон	cho'pon
agrônomo (m)	агроном	agronom
criador (m) de gado	чорвадор	chorvador
veterinário (m)	ветеринар	veterinar

agricultor, fazendeiro (m)	фермер	fermer
vinicultor (m)	винопаз	vinopaz
zoólogo (m)	зоолог	zoolog
vaqueiro (m)	ковбой	kovboy

91. Profissões artísticas

ator (m)	актёр	aktyor
atriz (f)	актриса	aktrisa
cantor (m)	хонанда	xonanda
cantora (f)	хонанда	xonanda
bailarino (m)	раққос	raqqos
bailarina (f)	раққоса	raqqosa
artista (m)	артист	artist
artista (f)	артистка	artistka
músico (m)	мусиқачи	musiqachi
pianista (m)	пианиночи	pianinochi
guitarrista (m)	гитарачи	gitarachi
maestro (m)	дирижёр	dirijyor
compositor (m)	композитор	kompozitor
empresário (m)	импресарио	impresario
diretor (m) de cinema	режиссёр	rejissyor
produtor (m)	продюсер	prodyuser
roteirista (m)	сценарийчи	stsenariychi
crítico (m)	танқидчи	tanqidchi
escritor (m)	ёзувчи	yozuvchi
poeta (m)	шоир	shoir
escultor (m)	ҳайкалтарош	haykaltarosh
pintor (m)	рассом	rassom
malabarista (m)	жонглёр	jonglyor
palhaço (m)	масхарабоз	masxaraboz
acrobata (m)	акробат	akrobat
ilusionista (m)	фокусчи	fokuschi

92. Várias profissões

médico (m)	шифокор	shifokor
enfermeira (f)	тиббий ҳамшира	tibbiy hamshira
psiquiatra (m)	психиатр	psixiatr
dentista (m)	стоматолог	stomatolog
cirurgião (m)	жарроҳ	jarroh
astronauta (m)	астронавт	astronavt
astrônomo (m)	астроном	astronom

piloto (m)	учувчи	uchuvchi
motorista (m)	ҳайдовчи	haydovchi
maquinista (m)	машинист	mashinist
mecânico (m)	механик	mexanik
mineiro (m)	кончи	konchi
operário (m)	ишчи	ishchi
serralheiro (m)	чилангар	chilangar
marceneiro (m)	дурадгор	duradgor
torneiro (m)	токар	tokar
construtor (m)	қурувчи	quruvchi
soldador (m)	пайвандчи	payvandchi
professor (m)	профессор	professor
arquiteto (m)	меъмор	me'mor
historiador (m)	тарихшунос	tarixshunos
cientista (m)	олим	olim
físico (m)	физик	fizik
químico (m)	кимёгар	kimyogar
arqueólogo (m)	археолог	arxeolog
geólogo (m)	геолог	geolog
pesquisador (cientista)	тадқиқотчи	tadqiqotchi
babysitter, babá (f)	енага	enaga
professor (m)	педагог	pedagog
redator (m)	муҳаррир	muharrir
redator-chefe (m)	бош муҳаррир	bosh muharrir
correspondente (m)	мухбир	muxbir
datilógrafa (f)	машинистка	mashinistka
designer (m)	дизайнер	dizayner
especialista (m) em informática	компютерчи	kompyuterchi
programador (m)	дастурчи	dasturchi
engenheiro (m)	муҳандис	muhandis
marujo (m)	денгизчи	dengizchi
marinheiro (m)	матрос	matros
socorrista (m)	қутқарувчи	qutqaruvchi
bombeiro (m)	ўт ўчирувчи	o't o'chiruvchi
polícia (m)	полициячи	politsiyachi
guarda-noturno (m)	қоровул	qorovul
detetive (m)	изқувар	izquvar
funcionário (m) da alfândega	божхона ходими	bojxona xodimi
guarda-costas (m)	шахсий соқчи	shaxsiy soqchi
guarda (m) prisional	назоратчи	nazoratchi
inspetor (m)	инспектор	inspektor
esportista (m)	спортчи	sportchi
treinador (m)	тренер	trener
açougueiro (m)	қассоб	qassob
sapateiro (m)	етикдўз	etikdo'z

comerciante (m)	тижоратчи	tijoratchi
carregador (m)	юкчи	yukchi
estilista (m)	моделер	modeler
modelo (f)	модел	model

93. Ocupações. Estatuto social

estudante (~ de escola)	ўқувчи	o'quvchi
estudante (~ universitária)	талаба	talaba
filósofo (m)	файласуф	faylasuf
economista (m)	иқтисодчи	iqtisodchi
inventor (m)	ихтирочи	ixtirochi
desempregado (m)	ишсиз	ishsiz
aposentado (m)	нафақахўр	nafaqaxo'r
espião (m)	жосус	josus
preso, prisioneiro (m)	маҳбус	mahbus
grevista (m)	иш ташловчи	ish tashlovchi
burocrata (m)	бюрократ	byurokrat
viajante (m)	саёҳатчи	sayohatchi
homossexual (m)	гомосексуалчи	gomoseksualchi
hacker (m)	хакер	xaker
hippie (m, f)	хиппи	xippi
bandido (m)	босқинчи	bosqinchi
assassino (m)	ёлланма қотил	yollanma qotil
drogado (m)	гиёҳванд	giyohvand
traficante (m)	наркотик моддаларни сотувчи	narkotik moddalarni sotuvchi
prostituta (f)	фоҳиша	fohisha
cafetão (m)	даюс	dayus
bruxo (m)	жодугар	jodugar
bruxa (f)	жодугар аёл	jodugar ayol
pirata (m)	денгиз қароқчиси	dengiz qaroqchisi
escravo (m)	қул	qul
samurai (m)	самурай	samuray
selvagem (m)	ёввойи одам	yovvoyi odam

Educação

94. Escola

escola (f)	мактаб	maktab
diretor (m) de escola	мактаб директори	maktab direktori
aluno (m)	ўқувчи	o'quvchi
aluna (f)	ўқувчи қиз	o'quvchi qiz
estudante (m)	ўқувчи	o'quvchi
estudante (f)	ўқувчи қиз	o'quvchi qiz
ensinar (vt)	ўқитмоқ	o'qitmoq
aprender (vt)	ўқимоқ	o'qimoq
decorar (vt)	ёдламоқ	yodlamoq
estudar (vi)	ўрганмоқ	o'rganmoq
estar na escola	ўқимоқ	o'qimoq
ir à escola	мактабга бормоқ	maktabga bormoq
alfabeto (m)	алифбе	alifbe
disciplina (f)	дарс, фан	dars, fan
sala (f) de aula	синф	sinf
lição, aula (f)	дарс	dars
recreio (m)	танаффус	tanaffus
toque (m)	қўнғироқ	qo'ng'iroq
classe (f)	парта	parta
quadro (m) negro	доска	doska
nota (f)	баҳо	baho
boa nota (f)	яхши баҳо	yaxshi baho
nota (f) baixa	ёмон баҳо	yomon baho
dar uma nota	баҳо қўймоқ	baho qo'ymoq
erro (m)	хато	xato
errar (vi)	хатолар қилмоқ	xatolar qilmoq
corrigir (~ um erro)	тўғриламоқ	to'g'rilamoq
cola (f)	шпаргалка	shpargalka
dever (m) de casa	уй вазифаси	uy vazifasi
exercício (m)	машқ	mashq
estar presente	қатнашмоқ	qatnashmoq
estar ausente	қатнашмаслик	qatnashmaslik
faltar às aulas	дарсларни қолдирмоқ	darslarni qoldirmoq
punir (vt)	жазоламоқ	jazolamoq
punição (f)	жазо	jazo
comportamento (m)	хулқ	xulq

boletim (m) escolar	кундалик	kundalik
lápis (m)	қалам	qalam
borracha (f)	ўчирғич	o'chirg'ich
giz (m)	бўр	bo'r
porta-lápis (m)	пенал	penal

mala, pasta, mochila (f)	портфел	portfel
caneta (f)	ручка	ruchka
caderno (m)	дафтар	daftar
livro (m) didático	дарслик	darslik
compasso (m)	сиркул	sirkul

| traçar (vt) | чизмоқ | chizmoq |
| desenho (m) técnico | чизма | chizma |

poesia (f)	шеър	she'r
de cor	ёддан	yoddan
decorar (vt)	ёдламоқ	yodlamoq

férias (f pl)	таътил	ta'til
estar de férias	таътилда бўлмоқ	ta'tilda bo'lmoq
passar as férias	таътилни ўтказмоқ	ta'tilni o'tkazmoq

teste (m), prova (f)	назорат иши	nazorat ishi
redação (f)	иншо	insho
ditado (m)	диктант	diktant
exame (m), prova (f)	имтиҳон	imtihon
fazer prova	имтиҳон топширмоқ	imtihon topshirmoq
experiência (~ química)	тажриба	tajriba

95. Colégio. Universidade

academia (f)	академия	akademiya
universidade (f)	университет	universitet
faculdade (f)	факултет	fakultet

estudante (m)	студент	student
estudante (f)	студент	student
professor (m)	ўқитувчи	o'qituvchi

| auditório (m) | аудитория, дарсхона | auditoriya, darsxona |
| graduado (m) | битирувчи | bitiruvchi |

| diploma (m) | диплом | diplom |
| tese (f) | диссертация | dissertatsiya |

| estudo (obra) | тадқиқот | tadqiqot |
| laboratório (m) | лаборатория | laboratoriya |

| palestra (f) | лекция | lektsiya |
| colega (m) de curso | курсдош | kursdosh |

| bolsa (f) de estudos | стипендия | stipendiya |
| grau (m) acadêmico | илмий даража | ilmiy daraja |

96. Ciências. Disciplinas

matemática (f)	математика	matematika
álgebra (f)	алгебра	algebra
geometria (f)	геометрия	geometriya
astronomia (f)	астрономия	astronomiya
biologia (f)	биология	biologiya
geografia (f)	география	geografiya
geologia (f)	геология	geologiya
história (f)	тарих	tarix
medicina (f)	медицина	meditsina
pedagogia (f)	педагогика	pedagogika
direito (m)	ҳуқуқ	huquq
física (f)	физика	fizika
química (f)	кимё	kimyo
filosofia (f)	фалсафа	falsafa
psicologia (f)	психология	psixologiya

97. Sistema de escrita. Ortografia

gramática (f)	грамматика	grammatika
vocabulário (m)	лексика	leksika
fonética (f)	фонетика	fonetika
substantivo (m)	от	ot
adjetivo (m)	сифат	sifat
verbo (m)	феъл	fe'l
advérbio (m)	равиш	ravish
pronome (m)	олмош	olmosh
interjeição (f)	ундов сўз	undov so'z
preposição (f)	олд кўмакчи	old ko'makchi
raiz (f)	сўз ўзаги	so'z o'zagi
terminação (f)	тугалланма	tugallanma
prefixo (m)	олд қўшимча	old qo'shimcha
sílaba (f)	бўғин	bo'g'in
sufixo (m)	сўз ясовчи қўшимча	so'z yasovchi qo'shimcha
acento (m)	урғу	urg'u
apóstrofo (f)	ажратиш белгиси	ajratish belgisi
ponto (m)	нуқта	nuqta
vírgula (f)	вергул	vergul
ponto e vírgula (m)	нуқтали вергул	nuqtali vergul
dois pontos (m pl)	қўш нуқта	qo'sh nuqta
reticências (f pl)	кўп нуқта	ko'p nuqta
ponto (m) de interrogação	сўроқ белгиси	so'roq belgisi
ponto (m) de exclamação	ундов белгиси	undov belgisi

aspas (f pl)	қўштирноқ	qo'shtirnoq
entre aspas	қўштирноқ ичида	qo'shtirnoq ichida
parênteses (m pl)	қавс	qavs
entre parênteses	қавс ичида	qavs ichida

hífen (m)	дефис	defis
travessão (m)	тире	tire
espaço (m)	оралиқ	oraliq

| letra (f) | ҳарф | harf |
| letra (f) maiúscula | бош ҳарф | bosh harf |

| vogal (f) | унли товуш | unli tovush |
| consoante (f) | ундош товуш | undosh tovush |

frase (f)	гап	gap
sujeito (m)	ега	ega
predicado (m)	кесим	kesim

linha (f)	сатр	satr
em uma nova linha	янги сатрдан	yangi satrdan
parágrafo (m)	абзац	abzats

palavra (f)	сўз	so'z
grupo (m) de palavras	сўз бирикмаси	so'z birikmasi
expressão (f)	ифода	ifoda
sinônimo (m)	синоним	sinonim
antônimo (m)	антоним	antonim

regra (f)	қоида	qoida
exceção (f)	истисно	istisno
correto (adj)	тўғри	to'g'ri

conjugação (f)	тусланиш	tuslanish
declinação (f)	турланиш	turlanish
caso (m)	келишик	kelishik
pergunta (f)	савол	savol
sublinhar (vt)	тагига чизмоқ	tagiga chizmoq
linha (f) pontilhada	пунктир	punktir

98. Línguas estrangeiras

língua (f)	тил	til
estrangeiro (adj)	чет	chet
língua (f) estrangeira	чет тили	chet tili
estudar (vt)	ўрганмоқ	o'rganmoq
aprender (vt)	ўрганмоқ	o'rganmoq

ler (vt)	ўқимоқ	o'qimoq
falar (vi)	гапирмоқ	gapirmoq
entender (vt)	тушунмоқ	tushunmoq
escrever (vt)	ёзмоқ	yozmoq
rapidamente	тез	tez
devagar, lentamente	секин	sekin

fluentemente	еркин	erkin
regras (f pl)	қоидалар	qoidalar
gramática (f)	грамматика	grammatika
vocabulário (m)	лексика	leksika
fonética (f)	фонетика	fonetika

livro (m) didático	дарслик	darslik
dicionário (m)	луғат	lug'at
manual (m) autodidático	мустақил ўрганиш учун қўлланма	mustaqil o'rganish uchun qo'llanma
guia (m) de conversação	сўзлашув китоби	so'zlashuv kitobi

fita (f) cassete	кассета	kasseta
videoteipe (m)	видеокассета	videokasseta
CD (m)	СД-диск	CD-disk
DVD (m)	ДВД-диск	DVD-disk

alfabeto (m)	алифбе	alifbe
soletrar (vt)	ҳарфлаб гапирмоқ	harflab gapirmoq
pronúncia (f)	талаффуз	talaffuz

sotaque (m)	акцент	aktsent
com sotaque	акценциз	aktsentsiz
sem sotaque	акцент билан	aktsent bilan

palavra (f)	сўз	so'z
sentido (m)	маъно	ma'no

curso (m)	курслар	kurslar
inscrever-se (vr)	ёзилмоқ	yozilmoq
professor (m)	ўқитувчи	o'qituvchi

tradução (processo)	таржима	tarjima
tradução (texto)	таржима	tarjima
tradutor (m)	таржимон	tarjimon
intérprete (m)	таржимон	tarjimon

poliglota (m)	полиглот	poliglot
memória (f)	хотира	xotira

Descanso. Entretenimento. Viagens

99. Viagens

turismo (m)	туризм	turizm
turista (m)	сайёҳ	sayyoh
viagem (f)	саёҳат	sayohat
aventura (f)	саргузашт	sarguzasht
percurso (curta viagem)	сафарга бориб келиш	safarga borib kelish
férias (f pl)	таътил	ta'til
estar de férias	таътилга чиқмоқ	ta'tilga chiqmoq
descanso (m)	дам олиш	dam olish
trem (m)	поезд	poezd
de trem (chegar ~)	поездда	poezdda
avião (m)	самолёт	samolyot
de avião	самолётда	samolyotda
de carro	автомобилда	avtomobilda
de navio	кемада	kemada
bagagem (f)	юк	yuk
mala (f)	чамадон	chamadon
carrinho (m)	чамадон учун аравача	chamadon uchun aravacha
passaporte (m)	паспорт	pasport
visto (m)	виза	viza
passagem (f)	чипта	chipta
passagem (f) aérea	авиачипта	aviachipta
guia (m) de viagem	йўлкўрсаткич	yo'lko'rsatkich
mapa (m)	харита	xarita
área (f)	жой	joy
lugar (m)	жой	joy
exotismo (m)	екзотика	ekzotika
exótico (adj)	екзотик	ekzotik
surpreendente (adj)	ажойиб	ajoyib
grupo (m)	гуруҳ	guruh
excursão (f)	екскурсия	ekskursiya
guia (m)	екскурсия раҳбари	ekskursiya rahbari

100. Hotel

hotel (m)	меҳмонхона	mehmonxona
motel (m)	мотел	motel
três estrelas	уч юлдуз	uch yulduz

cinco estrelas	беш юлдуз	besh yulduz
ficar (vi, vt)	тўхтамоқ	to'xtamoq
quarto (m)	номер, хона	nomer, xona
quarto (m) individual	бир ўринли номер	bir o'rinli nomer
quarto (m) duplo	икки ўринли номер	ikki o'rinli nomer
reservar um quarto	номерни банд қилмоқ	nomerni band qilmoq
meia pensão (f)	ярим пансион	yarim pansion
pensão (f) completa	тўлиқ пансион	to'liq pansion
com banheira	ваннаси билан	vannasi bilan
com chuveiro	души билан	dushi bilan
televisão (m) por satélite	спутник телевиденияси	sputnik televideniyasi
ar (m) condicionado	кондиционер	konditsioner
toalha (f)	сочиқ	sochiq
chave (f)	калит	kalit
administrador (m)	маъмур	ma'mur
camareira (f)	ходима	xodima
bagageiro (m)	ҳаммол	hammol
porteiro (m)	порте	porte
restaurante (m)	ресторан	restoran
bar (m)	бар	bar
café (m) da manhã	нонушта	nonushta
jantar (m)	кечки овқат	kechki ovqat
bufê (m)	швед столи	shved stoli
saguão (m)	вестибюл	vestibyul
elevador (m)	лифт	lift
NÃO PERTURBE	БЕЗОВТА ҚИЛИНМАСИН!	BEZOVTA QILINMASIN!
PROIBIDO FUMAR!	СҲЕКИЛМАСИН!	CHEKILMASIN!

EQUIPAMENTO TÉCNICO. TRANSPORTES

Equipamento técnico. Transportes

101. Computador

computador (m)	компютер	kompyuter
computador (m) portátil	ноутбук	noutbuk
ligar (vt)	ёқмоқ	yoqmoq
desligar (vt)	ўчирмоқ	o'chirmoq
teclado (m)	клавиатура	klaviatura
tecla (f)	клавиша	klavisha
mouse (m)	сичқон	sichqon
tapete (m) para mouse	гиламча	gilamcha
botão (m)	тугма	tugma
cursor (m)	курсор	kursor
monitor (m)	монитор	monitor
tela (f)	экран	ekran
disco (m) rígido	қаттиқ диск	qattiq disk
capacidade (f) do disco rígido	қаттиқ диск хотирасининг ҳажми	qattiq disk xotirasining hajmi
memória (f)	хотира	xotira
memória RAM (f)	оператив хотира	operativ xotira
arquivo (m)	файл	fayl
pasta (f)	папка	papka
abrir (vt)	очмоқ	ochmoq
fechar (vt)	ёпмоқ	yopmoq
salvar (vt)	сақламоқ	saqlamoq
deletar (vt)	йўқ қилмоқ	yo'q qilmoq
copiar (vt)	нусха кўчирмоқ	nusxa ko'chirmoq
ordenar (vt)	сараламоқ	saralamoq
copiar (vt)	қайта ёзмоқ	qayta yozmoq
programa (m)	дастур	dastur
software (m)	дастурий таъминот	dasturiy ta'minot
programador (m)	дастурчи	dasturchi
programar (vt)	дастурлаштирмоқ	dasturlashtirmoq
hacker (m)	хакер	xaker
senha (f)	парол	parol
vírus (m)	вирус	virus
detectar (vt)	аниқламоқ	aniqlamoq

byte (m)	байт	bayt
megabyte (m)	мегабайт	megabayt
dados (m pl)	маълумотлар	ma'lumotlar
base (f) de dados	маълумотлар базаси	ma'lumotlar bazasi
cabo (m)	кабел	kabel
desconectar (vt)	ажратмоқ	ajratmoq
conectar (vt)	уламоқ	ulamoq

102. Internet. E-mail

internet (f)	интернет	internet
browser (m)	браузер	brauzer
motor (m) de busca	қидирув ресурси	qidiruv resursi
provedor (m)	провайдер	provayder
webmaster (m)	веб-мастер	veb-master
website (m)	веб-сайт	veb-sayt
web page (f)	веб-саҳифа	veb-sahifa
endereço (m)	манзил	manzil
livro (m) de endereços	манзил китоби	manzil kitobi
caixa (f) de correio	почта қутиси	pochta qutisi
correio (m)	почта	pochta
cheia (caixa de correio)	тўлиб кетган	to'lib ketgan
mensagem (f)	хабар	xabar
mensagens (f pl) recebidas	кирувчи хабарлар	kiruvchi xabarlar
mensagens (f pl) enviadas	чиқувчи хабарлар	chiquvchi xabarlar
remetente (m)	юборувчи	yuboruvchi
enviar (vt)	жўнатмоқ	jo'natmoq
envio (m)	жўнатиш	jo'natish
destinatário (m)	олувчи	oluvchi
receber (vt)	олмоқ	olmoq
correspondência (f)	ёзишма	yozishma
corresponder-se (vr)	ёзишмоқ	yozishmoq
arquivo (m)	файл	fayl
fazer download, baixar (vt)	кўчирмоқ	ko'chirmoq
criar (vt)	яратмоқ	yaratmoq
deletar (vt)	йўқ қилмоқ	yo'q qilmoq
deletado (adj)	йўқ қилинган	yo'q qilingan
conexão (f)	алоқа	aloqa
velocidade (f)	тезлик	tezlik
modem (m)	модем	modem
acesso (m)	кириш имконияти	kirish imkoniyati
porta (f)	порт	port
conexão (f)	уланиш	ulanish

conectar (vi)	уланмоқ	ulanmoq
escolher (vt)	танламоқ	tanlamoq
buscar (vt)	изламоқ	izlamoq

103. Eletricidade

eletricidade (f)	електр	elektr
elétrico (adj)	електр	elektr
planta (f) elétrica	електр станцияси	elektr stantsiyasi
energia (f)	енергия	energiya
energia (f) elétrica	електр енергияси	elektr energiyasi

lâmpada (f)	лампочка	lampochka
lanterna (f)	фонар	fonar
poste (m) de iluminação	фонар	fonar

luz (f)	ёруғлик	yorug'lik
ligar (vt)	ёқмоқ	yoqmoq
desligar (vt)	ўчирмоқ	o'chirmoq
apagar a luz	чироқни ёқмоқ	chiroqni yoqmoq

queimar (vi)	куйиб кетмоқ	kuyib ketmoq
curto-circuito (m)	қисқа туташув	qisqa tutashuv
ruptura (f)	узилиш	uzilish
contato (m)	контакт	kontakt

interruptor (m)	улатгич	ulatgich
tomada (de parede)	розетка	rozetka
plugue (m)	вилка	vilka
extensão (f)	узайтиргич	uzaytirgich

fusível (m)	сақлагич	saqlagich
fio, cabo (m)	сим	sim
instalação (f) elétrica	електр сими	elektr simi

ampère (m)	ампер	amper
amperagem (f)	ток кучи	tok kuchi
volt (m)	волт	volt
voltagem (f)	кучланиш	kuchlanish

| aparelho (m) elétrico | електр асбоби | elektr asbobi |
| indicador (m) | индикатор | indikator |

eletricista (m)	електрик	elektrik
soldar (vt)	кавшарламоқ	kavsharlamoq
soldador (m)	кавшарлагич	kavsharlagich
corrente (f) elétrica	ток	tok

104. Ferramentas

| ferramenta (f) | асбоб | asbob |
| ferramentas (f pl) | асбоблар | asboblar |

equipamento (m)	асбоб-ускуна	asbob-uskuna
martelo (m)	болга	bolg'a
chave (f) de fenda	отвёртка	otvyortka
machado (m)	болта	bolta
serra (f)	арра	arra
serrar (vt)	арраламоқ	arralamoq
plaina (f)	ранда	randa
aplainar (vt)	рандаламоқ	randalamoq
soldador (m)	кавшарлагич	kavsharlagich
soldar (vt)	кавшарламоқ	kavsharlamoq
lima (f)	егов	egov
tenaz (f)	омбир	ombir
alicate (m)	ясси омбир	yassi ombir
formão (m)	искана	iskana
broca (f)	парма	parma
furadeira (f) elétrica	дрел	drel
furar (vt)	пармаламоқ	parmalamoq
faca (f)	пичоқ	pichoq
lâmina (f)	тиғ	tig'
afiado (adj)	ўткир	o'tkir
cego (adj)	ўтмас	o'tmas
embotar-se (vr)	ўтмаслашмоқ	o'tmaslashmoq
afiar, amolar (vt)	чархламоқ	charxlamoq
parafuso (m)	болт	bolt
porca (f)	гайка	gayka
rosca (f)	резба	rezba
parafuso (para madeira)	шуруп	shurup
prego (m)	мих	mix
cabeça (f) do prego	қалпоқ	qalpoq
régua (f)	чизғич	chizg'ich
fita (f) métrica	рулетка	ruletka
nível (m)	шайтон	shayton
lupa (f)	лупа	lupa
medidor (m)	ўлчов асбоби	o'lchov asbobi
medir (vt)	ўлчаш	o'lchash
escala (f)	шкала	shkala
indicação (f), registro (m)	кўрсатиш	ko'rsatish
compressor (m)	компрессор	kompressor
microscópio (m)	микроскоп	mikroskop
bomba (f)	насос	nasos
robô (m)	робот	robot
laser (m)	лазер	lazer
chave (f) de boca	гайка калити	gayka kaliti
fita (f) adesiva	тасма-скотч	tasma-skotch

cola (f)	елим	elim
lixa (f)	қумқоғоз	qumqog'oz
mola (f)	пружина	prujina
ímã (m)	магнит	magnit
luva (f)	қўлқоплар	qo'lqoplar
corda (f)	арқон	arqon
cabo (~ de nylon, etc.)	чилвир	chilvir
fio (m)	сим	sim
cabo (~ elétrico)	кабел	kabel
marreta (f)	босқон	bosqon
pé de cabra (m)	лом	lom
escada (f) de mão	нарвон	narvon
escada (m)	икки ёққа очиладиган нарвон	ikki yoqqa ochiladigan narvon
enroscar (vt)	бураб қотирмоқ	burab qotirmoq
desenroscar (vt)	бураб очмоқ	burab ochmoq
apertar (vt)	қисмоқ	qismoq
colar (vt)	ёпиштирмоқ	yopishtirmoq
cortar (vt)	кесмоқ	kesmoq
falha (f)	бузилганлик	buzilganlik
conserto (m)	тузатиш	tuzatish
consertar, reparar (vt)	таъмирламоқ	ta'mirlamoq
regular, ajustar (vt)	созламоқ	sozlamoq
verificar (vt)	текширмоқ	tekshirmoq
verificação (f)	текширув	tekshiruv
indicação (f), registro (m)	кўрсатиш	ko'rsatish
seguro (adj)	ишончли	ishonchli
complicado (adj)	мураккаб	murakkab
enferrujar (vi)	зангламоқ	zanglamoq
enferrujado (adj)	занглаган	zanglagan
ferrugem (f)	занг	zang

Transportes

105. Avião

avião (m)	самолёт	samolyot
passagem (f) aérea	авиачипта	aviachipta
companhia (f) aérea	авиакомпания	aviakompaniya
aeroporto (m)	аэропорт	aeroport
supersônico (adj)	товушдан тез	tovushdan tez
comandante (m) do avião	кема командири	kema komandiri
tripulação (f)	екипаж	ekipaj
piloto (m)	учувчи	uchuvchi
aeromoça (f)	стюардесса	styuardessa
copiloto (m)	штурман	shturman
asas (f pl)	қанотлар	qanotlar
cauda (f)	дум	dum
cabine (f)	кабина	kabina
motor (m)	двигател	dvigatel
trem (m) de pouso	шасси	shassi
turbina (f)	турбина	turbina
hélice (f)	пропеллер	propeller
caixa-preta (f)	қора яшик	qora yashik
coluna (f) de controle	штурвал	shturval
combustível (m)	ёқилғи	yoqilg'i
instruções (f pl) de segurança	инструкция	instruktsiya
máscara (f) de oxigênio	кислород маскаси	kislorod maskasi
uniforme (m)	униформа	uniforma
colete (m) salva-vidas	қутқарув жилети	qutqaruv jileti
paraquedas (m)	парашют	parashyut
decolagem (f)	учиш	uchish
descolar (vi)	учиб чиқмоқ	uchib chiqmoq
pista (f) de decolagem	учиш майдони	uchish maydoni
visibilidade (f)	кўриниш	ko'rinish
voo (m)	парвоз	parvoz
altura (f)	баландлик	balandlik
poço (m) de ar	ҳаво ўпқони	havo o'pqoni
assento (m)	ўрин	o'rin
fone (m) de ouvido	наушниклар	naushniklar
mesa (f) retrátil	қайтарма столча	qaytarma stolcha
janela (f)	иллюминатор	illyuminator
corredor (m)	ўтиш йўли	o'tish yo'li

106. Comboio

trem (m)	поезд	poezd
trem (m) elétrico	електр поезди	elektr poezdi
trem (m)	тезюрар поезд	tezyurar poezd
locomotiva (f) diesel	тепловоз	teplovoz
locomotiva (f) a vapor	паровоз	parovoz
vagão (f) de passageiros	вагон	vagon
vagão-restaurante (m)	вагон-ресторан	vagon-restoran
carris (m pl)	релслар	relslar
estrada (f) de ferro	темир йўл	temir yo'l
travessa (f)	шпала	shpala
plataforma (f)	платформа	platforma
linha (f)	йўл	yo'l
semáforo (m)	семафор	semafor
estação (f)	станция	stantsiya
maquinista (m)	машинист	mashinist
bagageiro (m)	ҳаммол	hammol
hospedeiro, -a (m, f)	проводник	provodnik
passageiro (m)	йўловчи	yo'lovchi
revisor (m)	назоратчи	nazoratchi
corredor (m)	йўлак	yo'lak
freio (m) de emergência	стоп-кран	stop-kran
compartimento (m)	купе	kupe
cama (f)	полка	polka
cama (f) de cima	юқори полка	yuqori polka
cama (f) de baixo	пастки полка	pastki polka
roupa (f) de cama	чойшаб	choyshab
passagem (f)	чипта	chipta
horário (m)	жадвал	jadval
painel (m) de informação	табло	tablo
partir (vt)	жўнамоқ	jo'namoq
partida (f)	жўнаш	jo'nash
chegar (vi)	етиб келмоқ	etib kelmoq
chegada (f)	етиб келиш	etib kelish
chegar de trem	поезда келмоқ	poezda kelmoq
pegar o trem	поедга ўтирмоқ	poedga o'tirmoq
descer de trem	поездан тушмоқ	poezddan tushmoq
acidente (m) ferroviário	ҳалокат	halokat
descarrilar (vi)	релслардан чиқиб кетмоқ	relslardan chiqib ketmoq
locomotiva (f) a vapor	паровоз	parovoz
foguista (m)	ўтёқар	o'tyoqar
fornalha (f)	ўтхона	o'txona
carvão (m)	кўмир	ko'mir

107. Barco

navio (m)	кема	kema
embarcação (f)	кема	kema
barco (m) a vapor	пароход	paroxod
barco (m) fluvial	теплоход	teploxod
transatlântico (m)	лайнер	layner
cruzeiro (m)	крейсер	kreyser
iate (m)	яхта	yaxta
rebocador (m)	шатакчи кема	shatakchi kema
barcaça (f)	баржа	barja
ferry (m)	паром	parom
veleiro (m)	елканли кема	elkanli kema
bergantim (m)	бригантина	brigantina
quebra-gelo (m)	музёрар	muzyorar
submarino (m)	сув ости кемаси	suv osti kemasi
bote, barco (m)	қайиқ	qayiq
baleeira (bote salva-vidas)	шлюпка	shlyupka
bote (m) salva-vidas	қутқарув шлюпкаси	qutqaruv shlyupkasi
lancha (f)	катер	kater
capitão (m)	капитан	kapitan
marinheiro (m)	матрос	matros
marujo (m)	денгизчи	dengizchi
tripulação (f)	екипаж	ekipaj
contramestre (m)	боцман	botsman
grumete (m)	юнга	yunga
cozinheiro (m) de bordo	кок	kok
médico (m) de bordo	кема врачи	kema vrachi
convés (m)	палуба	paluba
mastro (m)	мачта	machta
vela (f)	елкан	elkan
porão (m)	трюм	tryum
proa (f)	тумшуқ	tumshuq
popa (f)	қуйруқ	quyruq
remo (m)	ешкак	eshkak
hélice (f)	винт	vint
cabine (m)	каюта	kayuta
sala (f) dos oficiais	кают-компания	kayut-kompaniya
sala (f) das máquinas	машина бўлинмаси	mashina bo'linmasi
ponte (m) de comando	капитан кўприкчаси	kapitan ko'prikchasi
sala (f) de comunicações	радиорубка	radiorubka
onda (f)	тўлқин	to'lqin
diário (m) de bordo	кема журнали	kema jurnali
luneta (f)	узун дурбин	uzun durbin
sino (m)	қўнғироқ	qo'ng'iroq

bandeira (f)	байроқ	bayroq
cabo (m)	йўғон арқон	yo'g'on arqon
nó (m)	тугун	tugun
corrimão (m)	тутқич	tutqich
prancha (f) de embarque	трап	trap
âncora (f)	лангар	langar
recolher a âncora	лангар кўтармоқ	langar ko'tarmoq
jogar a âncora	лангар ташламоқ	langar tashlamoq
amarra (corrente de âncora)	лангар занжири	langar zanjiri
porto (m)	порт	port
cais, amarradouro (m)	причал	prichal
atracar (vi)	келиб тўхтамоқ	kelib to'xtamoq
desatracar (vi)	жўнамоқ	jo'namoq
viagem (f)	саёҳат	sayohat
cruzeiro (m)	денгиз саёҳати	dengiz sayohati
rumo (m)	курс	kurs
itinerário (m)	маршрут	marshrut
canal (m) de navegação	фарватер	farvater
banco (m) de areia	саёзлик	sayozlik
encalhar (vt)	саёзликка ўтирмоқ	sayozlikka o'tirmoq
tempestade (f)	довул	dovul
sinal (m)	сигнал	signal
afundar-se (vr)	чўкмоқ	cho'kmoq
Homem ao mar!	сувда одам бор!	suvda odam bor!
SOS	СОС!	SOS!
boia (f) salva-vidas	қутқариш халқаси	qutqarish halqasi

108. Aeroporto

aeroporto (m)	аэропорт	aeroport
avião (m)	самолёт	samolyot
companhia (f) aérea	авиакомпания	aviakompaniya
controlador (m) de tráfego aéreo	диспетчер	dispetcher
partida (f)	учиб кетиш	uchib ketish
chegada (f)	учиб келиш	uchib kelish
chegar (vi)	учиб келмоқ	uchib kelmoq
hora (f) de partida	учиб кетиш вақти	uchib ketish vaqti
hora (f) de chegada	учиб келиш вақти	uchib kelish vaqti
estar atrasado	кечикмоқ	kechikmoq
atraso (m) de voo	учиб кетишнинг кечикиши	uchib ketishning kechikishi
painel (m) de informação	маълумотлар таблоси	ma'lumotlar tablosi
informação (f)	маълумот	ma'lumot
anunciar (vt)	эълон қилмоқ	e'lon qilmoq

voo (m)	рейс	reys
alfândega (f)	божхона	bojxona
funcionário (m) da alfândega	божхона ходими	bojxona xodimi
declaração (f) alfandegária	декларация	deklaratsiya
preencher (vt)	тўлдирмоқ	to'ldirmoq
preencher a declaração	декларация тўлдирмоқ	deklaratsiya to'ldirmoq
controle (m) de passaporte	паспорт назорати	pasport nazorati
bagagem (f)	юк	yuk
bagagem (f) de mão	қўл юки	qo'l yuki
carrinho (m)	аравача	aravacha
pouso (m)	қўниш	qo'nish
pista (f) de pouso	қўниш майдони	qo'nish maydoni
aterrissar (vi)	қўнмоқ	qo'nmoq
escada (f) de avião	трап	trap
check-in (m)	рўйхатдан ўтиш	ro'yxatdan o'tish
balcão (m) do check-in	рўйхатдан ўтиш жойи	ro'yxatdan o'tish joyi
fazer o check-in	рўйхатдан ўтмоқ	ro'yxatdan o'tmoq
cartão (m) de embarque	чиқиш талони	chiqish taloni
portão (m) de embarque	чиқиш	chiqish
trânsito (m)	транзит	tranzit
esperar (vi, vt)	кутмоқ	kutmoq
sala (f) de espera	кутиш зали	kutish zali
despedir-se (acompanhar)	кузатмоқ	kuzatmoq
despedir-se (dizer adeus)	хайрлашмоқ	xayrlashmoq

Eventos

109. Férias. Evento

festa (f)	байрам	bayram
feriado (m) nacional	миллий байрам	milliy bayram
feriado (m)	байрам куни	bayram kuni
festejar (vt)	байрам қилмоқ	bayram qilmoq
evento (festa, etc.)	воқеа	voqea
evento (banquete, etc.)	тадбир	tadbir
banquete (m)	банкет	banket
recepção (f)	қабул	qabul
festim (m)	базм	bazm
aniversário (m)	йиллик	yillik
jubileu (m)	юбилей	yubiley
celebrar (vt)	нишонламоқ	nishonlamoq
Ano (m) Novo	Янги Йил	Yangi Yil
Feliz Ano Novo!	Янги Йил билан!	Yangi Yil bilan!
Papai Noel (m)	Қор Бобо, Санта Клаус	Qor Bobo, Santa Klaus
Natal (m)	Рождество	Rojdestvo
Feliz Natal!	Қувноқ Рождество тилайман!	Quvnoq Rojdestvo tilayman!
árvore (f) de Natal	Рождество арчаси	Rojdestvo archasi
fogos (m pl) de artifício	мушак	mushak
casamento (m)	никоҳ тўйи	nikoh to'yi
noivo (m)	куёв	kuyov
noiva (f)	келин	kelin
convidar (vt)	таклиф қилмоқ	taklif qilmoq
convite (m)	таклифнома	taklifnoma
convidado (m)	меҳмон	mehmon
visitar (vt)	меҳмонга бормоқ	mehmonga bormoq
receber os convidados	меҳмонларни кутмоқ	mehmonlarni kutmoq
presente (m)	совға	sovg'a
oferecer, dar (vt)	совға қилмоқ	sovg'a qilmoq
receber presentes	совға олмоқ	sovg'a olmoq
buquê (m) de flores	даста	dasta
felicitações (f pl)	табрик	tabrik
felicitar (vt)	табрикламоқ	tabriklamoq
cartão (m) de parabéns	табрик откриткаси	tabrik otkritkasi
enviar um cartão postal	откритка жўнатмоқ	otkritka jo'natmoq

receber um cartão postal	откритка олмоқ	otkritka olmoq
brinde (m)	қадаҳ сўзи	qadah so'zi
oferecer (vt)	меҳмон қилмоқ	mehmon qilmoq
champanhe (m)	шампан виноси	shampan vinosi

divertir-se (vr)	қувнамоқ	quvnamoq
diversão (f)	қувноқлик	quvnoqlik
alegria (f)	қувонч	quvonch

| dança (f) | рақс | raqs |
| dançar (vi) | рақсга тушмоқ | raqsga tushmoq |

| valsa (f) | валс | vals |
| tango (m) | танго | tango |

110. Funerais. Enterro

cemitério (m)	мозор	mozor
sepultura (f), túmulo (m)	гўр	go'r
cruz (f)	хоч	xoch
lápide (f)	қабр тоши	qabr toshi
cerca (f)	панжара	panjara
capela (f)	бутхона	butxona

morte (f)	ўлим	o'lim
morrer (vi)	ўлмоқ	o'lmoq
defunto (m)	майит	mayit
luto (m)	мотам	motam

enterrar, sepultar (vt)	дафн қилмоқ	dafn qilmoq
funerária (f)	дафн бюроси	dafn byurosi
funeral (m)	дафн қилиш маросими	dafn qilish marosimi

coroa (f) de flores	гулчамбар	gulchambar
caixão (m)	тобут	tobut
carro (m) funerário	тобут қўйиладиган арава	tobut qo'yiladigan arava
mortalha (f)	кафан	kafan

procissão (f) funerária	кўмиш маросими	ko'mish marosimi
urna (f) funerária	урна	urna
crematório (m)	крематорий	krematoriy

obituário (m), necrologia (f)	таъзиянома	ta'ziyanoma
chorar (vi)	йиғламоқ	yig'lamoq
soluçar (vi)	хўнграб йиғламоқ	xo'ngrab yig'lamoq

111. Guerra. Soldados

pelotão (m)	взвод	vzvod
companhia (f)	рота	rota
regimento (m)	полк	polk
exército (m)	армия	armiya

divisão (f)	дивизия	diviziya
esquadrão (m)	отряд	otryad
hoste (f)	қўшин	qo'shin

| soldado (m) | аскар | askar |
| oficial (m) | зобит | zobit |

soldado (m) raso	оддий аскар	oddiy askar
sargento (m)	сержант	serjant
tenente (m)	лейтенант	leytenant
capitão (m)	капитан	kapitan
major (m)	маёр	mayor
coronel (m)	полковник	polkovnik
general (m)	генерал	general

marujo (m)	денгизчи	dengizchi
capitão (m)	капитан	kapitan
contramestre (m)	боцман	botsman
artilheiro (m)	артиллериячи	artilleriyachi
soldado (m) paraquedista	десантчи	desantchi
piloto (m)	учувчи	uchuvchi
navegador (m)	штурман	shturman
mecânico (m)	механик	mexanik

sapador-mineiro (m)	сапёр	sapyor
paraquedista (m)	парашютчи	parashyutchi
explorador (m)	разведкачи	razvedkachi
atirador (m) de tocaia	снайпер	snayper

patrulha (f)	патрул	patrul
patrulhar (vt)	патруллик қилмоқ	patrullik qilmoq
sentinela (f)	соқчи	soqchi
guerreiro (m)	жангчи	jangchi
patriota (m)	ватанпарвар	vatanparvar
herói (m)	қаҳрамон	qahramon
heroína (f)	қаҳрамон	qahramon

traidor (m)	хоин	xoin
trair (vt)	хиёнат қилмоқ	xiyonat qilmoq
desertor (m)	дезертир	dezertir
desertar (vt)	дезертирлик қилмоқ	dezertirlik qilmoq

mercenário (m)	ёлланган	yollangan
recruta (m)	янги олинган аскар	yangi olingan askar
voluntário (m)	кўнгилли аскар	ko'ngilli askar

morto (m)	ўлдирилган	o'ldirilgan
ferido (m)	ярадор	yarador
prisioneiro (m) de guerra	асир	asir

112. Guerra. Ações militares. Parte 1

| guerra (f) | уруш | urush |
| guerrear (vt) | урушмоқ | urushmoq |

guerra (f) civil	фуқаролар уруши	fuqarolar urushi
perfidamente	маккорона	makkorona
declaração (f) de guerra	еълон қилиш	e'lon qilish
declarar guerra	еълон қилмоқ	e'lon qilmoq
agressão (f)	агрессия	agressiya
atacar (vt)	ҳужум қилмоқ	hujum qilmoq
invadir (vt)	босиб олмоқ	bosib olmoq
invasor (m)	босқинчи	bosqinchi
conquistador (m)	истилочи	istilochi
defesa (f)	мудофаа	mudofaa
defender (vt)	мудофааламоқ	mudofaalamoq
defender-se (vr)	мудофааланмоқ	mudofaalanmoq
inimigo, adversário (m)	душман	dushman
inimigo (adj)	душман	dushman
estratégia (f)	стратегия	strategiya
tática (f)	тактика	taktika
ordem (f)	буйруқ	buyruq
comando (m)	команда	komanda
ordenar (vt)	буюрмоқ	buyurmoq
missão (f)	топшириқ	topshiriq
secreto (adj)	маҳфий	mahfiy
batalha (f), combate (m)	жанг	jang
ataque (m)	ҳужум	hujum
assalto (m)	қаттиқ ҳужум	qattiq hujum
assaltar (vt)	қаттиқ ҳужум қилмоқ	qattiq hujum qilmoq
assédio, sítio (m)	қамал	qamal
ofensiva (f)	ҳужум	hujum
tomar à ofensiva	ҳужум қилмоқ	hujum qilmoq
retirada (f)	чекиниш	chekinish
retirar-se (vr)	чекинмоқ	chekinmoq
cerco (m)	қуршов	qurshov
cercar (vt)	қуршовга олмоқ	qurshovga olmoq
bombardeio (m)	бомба ёғдирмоқ	bomba yog'dirmoq
lançar uma bomba	бомба ташламоқ	bomba tashlamoq
bombardear (vt)	бомба ташламоқ	bomba tashlamoq
explosão (f)	портлаш	portlash
tiro (m)	ўқ узиш	o'q uzish
dar um tiro	ўқ узмоқ	o'q uzmoq
tiroteio (m)	ўқ отиш	o'q otish
apontar para ...	нишонга олмоқ	nishonga olmoq
apontar (vt)	мўлжалга тўғриламоқ	mo'ljalga to'g'rilamoq
acertar (vt)	тегмоқ	tegmoq
afundar (~ um navio, etc.)	чўктирмоқ	cho'ktirmoq
brecha (f)	тешик	teshik

afundar-se (vr)	сув остига кетиш	suv ostiga ketish
frente (m)	фронт	front
evacuação (f)	евакуация	evakuatsiya
evacuar (vt)	евакуация қилмоқ	evakuatsiya qilmoq

trincheira (f)	окоп, хандак	okop, xandak
arame (m) enfarpado	тиканли сим	tikanli sim
barreira (f) anti-tanque	тўсиқ	to'siq
torre (f) de vigia	минора	minora

hospital (m) militar	госпитал	gospital
ferir (vt)	яраламоқ	yaralamoq
ferida (f)	яра	yara
ferido (m)	ярадор	yarador
ficar ferido	яраланмоқ	yaralanmoq
grave (ferida ~)	оғир	og'ir

113. Guerra. Ações militares. Parte 2

cativeiro (m)	асир	asir
capturar (vt)	асирга олмоқ	asirga olmoq
estar em cativeiro	асирда бўлмоқ	asirda bo'lmoq
ser aprisionado	асирга тушмоқ	asirga tushmoq

campo (m) de concentração	концлагер	kontslager
prisioneiro (m) de guerra	асир	asir
escapar (vi)	қочмоқ	qochmoq

trair (vt)	сотмоқ	sotmoq
traidor (m)	хоин	xoin
traição (f)	хоинлик	xoinlik

| fuzilar, executar (vt) | отиб ташламоқ | otib tashlamoq |
| fuzilamento (m) | отиш | otish |

equipamento (m)	формали кийим-кечак	formali kiyim-kechak
insígnia (f) de ombro	погон	pogon
máscara (f) de gás	противогаз	protivogaz

rádio (m)	рация	ratsiya
cifra (f), código (m)	шифр	shifr
conspiração (f)	конспирация	konspiratsiya
senha (f)	парол	parol

mina (f)	мина	mina
minar (vt)	миналамоқ	minalamoq
campo (m) minado	мина майдони	mina maydoni

alarme (m) aéreo	ҳаво тревогаси	havo trevogasi
alarme (m)	тревога	trevoga
sinal (m)	сигнал	signal
sinalizador (m)	сигнал ракетаси	signal raketasi
quartel-general (m)	штаб	shtab
reconhecimento (m)	разведка	razvedka

situação (f)	вазият	vaziyat
relatório (m)	рапорт	raport
emboscada (f)	пистирма	pistirma
reforço (m)	қўшимча куч	qo'shimcha kuch
alvo (m)	нишон	nishon
campo (m) de tiro	полигон	poligon
manobras (f pl)	манёврлар	manyovrlar
pânico (m)	саросималик	sarosimalik
devastação (f)	вайронгарчилик	vayrongarchilik
ruínas (f pl)	вайроналиклар	vayronaliklar
destruir (vt)	вайрон қилмоқ	vayron qilmoq
sobreviver (vi)	тирик қолмоқ	tirik qolmoq
desarmar (vt)	қуролсизлантирмоқ	qurolsizlantirmoq
manusear (vt)	фойдаланмоқ	foydalanmoq
Sentido!	Тек тур!	Tek tur!
Descansar!	Еркин!	Erkin!
façanha (f)	жасорат	jasorat
juramento (m)	қасам	qasam
jurar (vi)	қасам ичмоқ	qasam ichmoq
condecoração (f)	мукофот	mukofot
condecorar (vt)	мукофотламоқ	mukofotlamoq
medalha (f)	медал	medal
ordem (f)	орден	orden
vitória (f)	ғалаба	g'alaba
derrota (f)	мағлубият	mag'lubiyat
armistício (m)	сулҳ	sulh
bandeira (f)	байроқ	bayroq
glória (f)	шуҳрат	shuhrat
parada (f)	парад	parad
marchar (vi)	марш қилмоқ	marsh qilmoq

114. Armas

arma (f)	қурол	qurol
arma (f) de fogo	ўқ отадиган қурол	o'q otadigan qurol
arma (f) branca	совуқ қурол	sovuq qurol
arma (f) química	кимёвий қурол	kimyoviy qurol
nuclear (adj)	ядро	yadro
arma (f) nuclear	ядро қуроли	yadro quroli
bomba (f)	бомба	bomba
bomba (f) atômica	атом бомбаси	atom bombasi
pistola (f)	тўппонча	to'pponcha
rifle (m)	милтиқ	miltiq

semi-automática (f)	автомат	avtomat
metralhadora (f)	пулемёт	pulemyot
boca (f)	ствол оғзи	stvol og'zi
cano (m)	ствол	stvol
calibre (m)	калибр	kalibr
gatilho (m)	тепки	tepki
mira (f)	нишонга олгич	nishonga olgich
carregador (m)	магазин	magazin
coronha (f)	қўндоқ	qo'ndoq
granada (f) de mão	граната	granata
explosivo (m)	портловчи модда	portlovchi modda
bala (f)	ўқ	o'q
cartucho (m)	патрон	patron
carga (f)	заряд	zaryad
munições (f pl)	ўқ-дори	o'q-dori
bombardeiro (m)	бомбардимончи	bombardimonchi
avião (m) de caça	қирувчи	qiruvchi
helicóptero (m)	вертолёт	vertolyot
canhão (m) antiaéreo	зенит тўпи	zenit to'pi
tanque (m)	танк	tank
canhão (de um tanque)	замбарак	zambarak
artilharia (f)	артиллерия	artilleriya
canhão (m)	замбарак, қурол	zambarak, qurol
fazer a pontaria	мўлжалга тўғриламоқ	mo'ljalga to'g'rilamoq
projétil (m)	снаряд	snaryad
granada (f) de morteiro	мина	mina
morteiro (m)	миномёт	minomyot
estilhaço (m)	парча	parcha
submarino (m)	сув ости кемаси	suv osti kemasi
torpedo (m)	торпеда	torpeda
míssil (m)	ракета	raketa
carregar (uma arma)	ўқламоқ	o'qlamoq
disparar, atirar (vi)	отмоқ	otmoq
apontar para ...	нишонга олмоқ	nishonga olmoq
baioneta (f)	найза	nayza
espada (f)	шпага	shpaga
sabre (m)	қилич	qilich
lança (f)	найза	nayza
arco (m)	камон	kamon
flecha (f)	камон ўқи	kamon o'qi
mosquete (m)	мушкет	mushket
besta (f)	арбалет	arbalet

115. Povos da antiguidade

primitivo (adj)	ибтидоий	ibtidoiy
pré-histórico (adj)	тарихдан илгариги	tarixdan ilgarigi
antigo (adj)	қадимги	qadimgi
Idade (f) da Pedra	Тош даври	Tosh davri
Idade (f) do Bronze	Бронза даври	Bronza davri
Era (f) do Gelo	Музлик даври	Muzlik davri
tribo (f)	қабила	qabila
canibal (m)	одамхўр	odamxo'r
caçador (m)	овчи	ovchi
caçar (vi)	ов қилмоқ	ov qilmoq
mamute (m)	мамонт	mamont
caverna (f)	ғор	g'or
fogo (m)	олов	olov
fogueira (f)	гулхан	gulxan
pintura (f) rupestre	қояга чизилган расм	qoyaga chizilgan rasm
ferramenta (f)	меҳнат қуроли	mehnat quroli
lança (f)	найза	nayza
machado (m) de pedra	тош болта	tosh bolta
guerrear (vt)	урушмоқ	urushmoq
domesticar (vt)	қўлга ўргатмоқ	qo'lga o'rgatmoq
ídolo (m)	бут	but
adorar, venerar (vt)	сажда қилмоқ	sajda qilmoq
superstição (f)	хурофот	xurofot
ritual (m)	маросим	marosim
evolução (f)	еволюция	evolyutsiya
desenvolvimento (m)	ривожланиш	rivojlanish
extinção (f)	йўқ бўлиб кетмоқ	yo'q bo'lib ketmoq
adaptar-se (vr)	мослашмоқ	moslashmoq
arqueologia (f)	археология	arxeologiya
arqueólogo (m)	археолог	arxeolog
arqueológico (adj)	археологик	arxeologik
escavação (sítio)	қазишлар жойи	qazishlar joyi
escavações (f pl)	қазиш ишлари	qazish ishlari
achado (m)	топилма	topilma
fragmento (m)	парча	parcha

116. Idade média

povo (m)	халқ	xalq
povos (m pl)	халқлар	xalqlar
tribo (f)	қабила	qabila
tribos (f pl)	қабилалар	qabilalar
bárbaros (pl)	варварлар	varvarlar

galeses (pl)	галлар	gallar
godos (pl)	готлар	gotlar
eslavos (pl)	славянлар	slavyanlar
viquingues (pl)	викинглар	vikinglar
romanos (pl)	римликлар	rimliklar
romano (adj)	Римга оид	Rimga oid
bizantinos (pl)	византияликлар	vizantiyaliklar
Bizâncio	Византия	Vizantiya
bizantino (adj)	Византияга оид	Vizantiyaga oid
imperador (m)	император	imperator
líder (m)	сардор	sardor
poderoso (adj)	кудратли	qudratli
rei (m)	қирол	qirol
governante (m)	ҳукмдор	hukmdor
cavaleiro (m)	рицар	ritsar
senhor feudal (m)	феодал	feodal
feudal (adj)	феодалларга оид	feodallarga oid
vassalo (m)	вассал	vassal
duque (m)	герцог	gertsog
conde (m)	граф	graf
barão (m)	барон	baron
bispo (m)	епископ	episkop
armadura (f)	яроғ-аслаха	yarog'-aslaxa
escudo (m)	қалқон	qalqon
espada (f)	қилич	qilich
viseira (f)	дубулға пардаси	dubulg'a pardasi
cota (f) de malha	совут	sovut
cruzada (f)	салб юриши	salb yurishi
cruzado (m)	салб юриши қатнашчиси	salb yurishi qatnashchisi
território (m)	ҳудуд	hudud
atacar (vt)	ҳужум қилмоқ	hujum qilmoq
conquistar (vt)	забт етмоқ	zabt etmoq
ocupar, invadir (vt)	босиб олмоқ	bosib olmoq
assédio, sítio (m)	қамал	qamal
sitiado (adj)	қамал қилинган	qamal qilingan
assediar, sitiar (vt)	қамал қилмоқ	qamal qilmoq
inquisição (f)	инквизиция	inkvizitsiya
inquisidor (m)	инквизитор	inkvizitor
tortura (f)	қийноқ	qiynoq
cruel (adj)	бераҳм	berahm
herege (m)	бидъатчи	bid'atchi
heresia (f)	бидъат	bid'at
navegação (f) marítima	денгизда кема юриши	dengizda kema yurishi
pirata (m)	денгиз қароқчиси	dengiz qaroqchisi
pirataria (f)	денгиз қароқчилиги	dengiz qaroqchiligi

abordagem (f)	абордаж	abordaj
presa (f), butim (m)	ўлжа	o'lja
tesouros (m pl)	хазина	xazina
descobrimento (m)	кашфиёт	kashfiyot
descobrir (novas terras)	кашф қилмоқ	kashf qilmoq
expedição (f)	експедиция	ekspeditsiya
mosqueteiro (m)	мушкетёр	mushketyor
cardeal (m)	кардинал	kardinal
heráldica (f)	гералдика	geraldika
heráldico (adj)	гералдик	geraldik

117. Líder. Chefe. Autoridades

rei (m)	қирол	qirol
rainha (f)	қиролича	qirolicha
real (adj)	қиролга оид	qirolga oid
reino (m)	қироллик	qirollik
príncipe (m)	шаҳзода	shahzoda
princesa (f)	малика	malika
presidente (m)	президент	prezident
vice-presidente (m)	вице-президент	vitse-prezident
senador (m)	сенатор	senator
monarca (m)	монарх	monarx
governante (m)	ҳукмдор	hukmdor
ditador (m)	диктатор	diktator
tirano (m)	золим ҳукмдор	zolim hukmdor
magnata (m)	магнат	magnat
diretor (m)	директор	direktor
chefe (m)	бошлиқ	boshliq
gerente (m)	бошқарувчи	boshqaruvchi
patrão (m)	босс	boss
dono (m)	хўжайин	xo'jayin
líder (m)	доҳий, етакчи	dohiy, etakchi
chefe (m)	раҳбар	rahbar
autoridades (f pl)	ҳокимият	hokimiyat
superiores (m pl)	бошлиқлар	boshliqlar
governador (m)	губернатор	gubernator
cônsul (m)	консул	konsul
diplomata (m)	дипломат	diplomat
Presidente (m) da Câmara	мер	mer
xerife (m)	шериф	sherif
imperador (m)	император	imperator
czar (m)	подшо	podsho
faraó (m)	фиръавн	fir'avn
cã, khan (m)	хон	xon

118. Violação da lei. Criminosos. Parte 1

bandido (m)	босқинчи	bosqinchi
crime (m)	жиноят	jinoyat
criminoso (m)	жиноятчи	jinoyatchi
ladrão (m)	ўғри	o'g'ri
roubar (vt)	ўғирламоқ	o'g'irlamoq
roubo (atividade)	ўғирлик	o'g'rilik
furto (m)	ўғирлаш	o'g'irlash
raptar, sequestrar (vt)	ўғирлаб кетмоқ	o'g'irlab ketmoq
sequestro (m)	одам ўғирлаш	odam o'g'irlash
sequestrador (m)	ўғри	o'g'ri
resgate (m)	еваз	evaz
pedir resgate	пул талаб қилмоқ	pul talab qilmoq
roubar (vt)	таламоқ	talamoq
assalto, roubo (m)	талон-тарож	talon-taroj
assaltante (m)	талончи	talonchi
extorquir (vt)	товламоқ	tovlamoq
extorsionário (m)	товламачи	tovlamachi
extorsão (f)	товламачилик	tovlamachilik
matar, assassinar (vt)	ўлдирмоқ	o'ldirmoq
homicídio (m)	қотиллик	qotillik
homicida, assassino (m)	қотил	qotil
tiro (m)	ўқ узиш	o'q uzish
dar um tiro	ўқ узмоқ	o'q uzmoq
matar a tiro	отиб ўлдирмоқ	otib o'ldirmoq
disparar, atirar (vi)	отмоқ	otmoq
tiroteio (m)	ўқ отиш	o'q otish
incidente (m)	ходиса	xodisa
briga (~ de rua)	муштлашиш	mushtlashish
Socorro!	Ёрдам беринг! Қутқаринг!	Yordam bering! Qutqaring!
vítima (f)	қурбон	qurbon
danificar (vt)	шикастламоқ	shikastlamoq
dano (m)	зарар	zarar
cadáver (m)	мурда	murda
grave (adj)	оғир	og'ir
atacar (vt)	хужум қилмоқ	hujum qilmoq
bater (espancar)	урмоқ	urmoq
espancar (vt)	калтакламоқ	kaltaklamoq
tirar, roubar (dinheiro)	олиб қўймоқ	olib qo'ymoq
esfaquear (vt)	сўймоқ	so'ymoq
mutilar (vt)	майиб қилмоқ	mayib qilmoq
ferir (vt)	яраламоқ	yaralamoq
chantagem (f)	қўрқитиб товлаш	qo'rqitib tovlash
chantagear (vt)	қўрқитиб товламоқ	qo'rqitib tovlamoq

chantagista (m)	қўрқитиб товловчи	qo'rqitib tovlovchi
extorsão (f)	рекет	reket
extorsionário (m)	рекетчи	reketchi
gângster (m)	гангстер	gangster
máfia (f)	мафия	mafiya

punguista (m)	чўнтак ўғриси	cho'ntak o'g'risi
assaltante, ladrão (m)	қулфбузар	qulfbuzar
contrabando (m)	контрабанда	kontrabanda
contrabandista (m)	контрабанда	kontrabanda
	билан шуғулланувчи	bilan shug'ullanuvchi

falsificação (f)	қалбаки нарса	qalbaki narsa
falsificar (vt)	қалбакилаштирмоқ	qalbakilashtirmoq
falsificado (adj)	сохта	soxta

119. Violação da lei. Criminosos. Parte 2

estupro (m)	зўрлаш	zo'rlash
estuprar (vt)	зўрламоқ	zo'rlamoq
estuprador (m)	зўравон	zo'ravon
maníaco (m)	савдойи	savdoyi

prostituta (f)	фоҳиша	fohisha
prostituição (f)	фоҳишабозлик	fohishabozlik
cafetão (m)	даюс	dayus

drogado (m)	гиёхванд	giyohvand
traficante (m)	наркотик моддаларни	narkotik moddalarni
	сотувчи	sotuvchi

explodir (vt)	портлатмоқ	portlatmoq
explosão (f)	портлаш	portlash
incendiar (vt)	ёндирмоқ	yondirmoq
incendiário (m)	қасддан ўт қўйган одам	qasddan o't qo'ygan odam

terrorismo (m)	терроризм	terrorizm
terrorista (m)	террорчи	terrorchi
refém (m)	гаровга олинган	garovga olingan

enganar (vt)	алдамоқ	aldamoq
engano (m)	алдаш	aldash
vigarista (m)	муттаҳам	muttaham

subornar (vt)	пора бериб сотиб олмоқ	pora berib sotib olmoq
suborno (atividade)	пора бериб сотиб олиш	pora berib sotib olish
suborno (dinheiro)	пора	pora

veneno (m)	заҳар	zahar
envenenar (vt)	заҳарламоқ	zaharlamoq
envenenar-se (vr)	заҳарланмоқ	zaharlanmoq

| suicídio (m) | ўзини ўзи ўлдириш | o'zini o'zi o'ldirish |
| suicida (m) | ўз жонига қасд қилган | o'z joniga qasd qilgan |

ameaçar (vt)	пўписа қилмоқ	po'pisa qilmoq
ameaça (f)	пўписа	po'pisa
atentar contra a vida de …	суиқасд қилмоқ	suiqasd qilmoq
atentado (m)	суиқасд	suiqasd

| roubar (um carro) | ўғирлаб кетмоқ | o'g'irlab ketmoq |
| sequestrar (um avião) | олиб қочмоқ | olib qochmoq |

| vingança (f) | қасос | qasos |
| vingar (vt) | қасос олмоқ | qasos olmoq |

torturar (vt)	қийнамоқ	qiynamoq
tortura (f)	қийноқ	qiynoq
atormentar (vt)	азобламоқ	azoblamoq

pirata (m)	денгиз қароқчиси	dengiz qaroqchisi
desordeiro (m)	безори	bezori
armado (adj)	қуролланган	qurollangan
violência (f)	зўрлаш	zo'rlash
ilegal (adj)	нолегал	nolegal

| espionagem (f) | жосуслик | josuslik |
| espionar (vi) | жосуслик қилмоқ | josuslik qilmoq |

120. Polícia. Lei. Parte 1

| justiça (sistema de ~) | адлия | adliya |
| tribunal (m) | суд | sud |

juiz (m)	судя	sudya
jurados (m pl)	суд маслаҳатчиси	sud maslahatchisi
tribunal (m) do júri	маслаҳатчилар суди	maslahatchilar sudi
julgar (vt)	судламоқ	sudlamoq

advogado (m)	адвокат	advokat
réu (m)	судланувчи	sudlanuvchi
banco (m) dos réus	судланувчилар курсиси	sudlanuvchilar kursisi

| acusação (f) | айблов | ayblov |
| acusado (m) | айбланувчи | ayblanuvchi |

| sentença (f) | ҳукм | hukm |
| sentenciar (vt) | ҳукм чиқармоқ | hukm chiqarmoq |

culpado (m)	айбдор	aybdor
punir (vt)	жазоламоқ	jazolamoq
punição (f)	жазо	jazo

multa (f)	жарима	jarima
prisão (f) perpétua	умрбод қамоқ	umrbod qamoq
pena (f) de morte	ўлим жазоси	o'lim jazosi
cadeira (f) elétrica	електр стул	elektr stul
forca (f)	дор	dor
executar (vt)	қатл қилмоқ	qatl qilmoq

execução (f)	қатл	qatl
prisão (f)	қамоқ	qamoq
cela (f) de prisão	камера	kamera

escolta (f)	конвой	konvoy
guarda (m) prisional	назоратчи	nazoratchi
preso, prisioneiro (m)	маҳбус	mahbus

| algemas (f pl) | кишан | kishan |
| algemar (vt) | кишан кийгизмоқ | kishan kiygizmoq |

fuga, evasão (f)	қочиш	qochish
fugir (vi)	қочиб кетмоқ	qochib ketmoq
desaparecer (vi)	ғойиб бўлмоқ	g'oyib bo'lmoq
soltar, libertar (vt)	озод қилмоқ	ozod qilmoq
anistia (f)	амнистия	amnistiya

polícia (instituição)	полиция	politsiya
polícia (m)	полициячи	politsiyachi
delegacia (f) de polícia	полиция маҳкамаси	politsiya mahkamasi
cassetete (m)	резина тўқмоқ	rezina to'qmoq
megafone (m)	карнай	karnay

carro (m) de patrulha	патрул машинаси	patrul mashinasi
sirene (f)	сирена	sirena
ligar a sirene	сиренани ёқмоқ	sirenani yoqmoq
toque (m) da sirene	сирена увиллаши	sirena uvillashi

cena (f) do crime	ходиса рўй берган жой	xodisa ro'y bergan joy
testemunha (f)	гувоҳ	guvoh
liberdade (f)	эркинлик	erkinlik
cúmplice (m)	жиноятчининг шериги	jinoyatchining sherigi
escapar (vi)	ғойиб бўлмоқ	g'oyib bo'lmoq
traço (não deixar ~s)	из	iz

121. Polícia. Lei. Parte 2

procura (f)	қидирув	qidiruv
procurar (vt)	қидирмоқ	qidirmoq
suspeita (f)	шубҳа	shubha
suspeito (adj)	шубҳали	shubhali
parar (veículo, etc.)	тўхтатмоқ	to'xtatmoq
deter (fazer parar)	тутмоқ	tutmoq

caso (~ criminal)	иш	ish
investigação (f)	тергов	tergov
detetive (m)	детектив	detektiv
investigador (m)	терговчи	tergovchi
versão (f)	тахминий фикр	taxminiy fikr

motivo (m)	сабаб	sabab
interrogatório (m)	сўроқ	so'roq
interrogar (vt)	сўроқ қилмоқ	so'roq qilmoq
questionar (vt)	сўроқламоқ	so'roqlamoq

verificação (f)	текширув	tekshiruv
batida (f) policial	қуршаб олиб тутиш	qurshab olib tutish
busca (f)	тинтув	tintuv
perseguição (f)	қувиш	quvish
perseguir (vt)	таъқиб қилмоқ	ta'qib qilmoq
seguir, rastrear (vt)	изига тушмоқ	iziga tushmoq

prisão (f)	қамоққа олиш	qamoqqa olish
prender (vt)	қамоққа олмоқ	qamoqqa olmoq
pegar, capturar (vt)	тутмоқ	tutmoq
captura (f)	қўлга тушириш	qo'lga tushirish

documento (m)	ҳужжат	hujjat
prova (f)	исбот	isbot
provar (vt)	исботламоқ	isbotlamoq
pegada (f)	из	iz
impressões (f pl) digitais	бармоқ излари	barmoq izlari
prova (f)	далил	dalil

álibi (m)	алиби	alibi
inocente (adj)	бегуноҳ	begunoh
injustiça (f)	адолацизлик	adolatsizlik
injusto (adj)	адолациз	adolatsiz

criminal (adj)	жиноий	jinoiy
confiscar (vt)	мусодара қилмоқ	musodara qilmoq
droga (f)	наркотик	narkotik
arma (f)	қурол	qurol
desarmar (vt)	қуролсизлантирмоқ	qurolsizlantirmoq
ordenar (vt)	буюрмоқ	buyurmoq
desaparecer (vi)	ғойиб бўлмоқ	g'oyib bo'lmoq

lei (f)	қонун	qonun
legal (adj)	қонуний	qonuniy
ilegal (adj)	ноқонуний	noqonuniy

| responsabilidade (f) | масъулият | mas'uliyat |
| responsável (adj) | маъсулиятли | ma'suliyatli |

NATUREZA

A Terra. Parte 1

122. Espaço sideral

espaço, cosmo (m)	космос	kosmos
espacial, cósmico (adj)	космик	kosmik
espaço (m) cósmico	космик фазо	kosmik fazo
mundo (m)	олам	olam
universo (m)	коинот	koinot
galáxia (f)	галактика	galaktika
estrela (f)	юлдуз	yulduz
constelação (f)	юлдузлар туркуми	yulduzlar turkumi
planeta (m)	планета	planeta
satélite (m)	йўлдош	yo'ldosh
meteorito (m)	метеорит	meteorit
cometa (m)	комета	kometa
asteroide (m)	астероид	asteroid
órbita (f)	орбита	orbita
girar (vi)	айланмоқ	aylanmoq
atmosfera (f)	атмосфера	atmosfera
Sol (m)	Қуёш	Quyosh
Sistema (m) Solar	Қуёш системаси	Quyosh sistemasi
eclipse (m) solar	Қуёш тутилиши	Quyosh tutilishi
Terra (f)	Ер	Er
Lua (f)	Ой	Oy
Marte (m)	Марс	Mars
Vênus (f)	Венера	Venera
Júpiter (m)	Юпитер	Yupiter
Saturno (m)	Сатурн	Saturn
Mercúrio (m)	Меркурий	Merkuriy
Urano (m)	Уран	Uran
Netuno (m)	Нептун	Neptun
Plutão (m)	Плутон	Pluton
Via Láctea (f)	Сомон йўли	Somon Yo'li
Ursa Maior (f)	Катта айиқ	Katta ayiq
Estrela Polar (f)	Қутб Юлдузи	Qutb Yulduzi
marciano (m)	марслик	marslik
extraterrestre (m)	ўзга сайёралик	o'zga sayyoralik

alienígena (m)	бегона	begona
disco (m) voador	учар ликопча	uchar likopcha
espaçonave (f)	космик кема	kosmik kema
estação (f) orbital	орбитал станция	orbital stantsiya
lançamento (m)	старт	start
motor (m)	двигател	dvigatel
bocal (m)	сопло	soplo
combustível (m)	ёқилғи	yoqilg'i
cabine (f)	кабина	kabina
antena (f)	антенна	antenna
vigia (f)	иллюминатор	illyuminator
bateria (f) solar	қуёш батареяси	quyosh batareyasi
traje (m) espacial	скафандр	skafandr
imponderabilidade (f)	вазнсизлик	vaznsizlik
oxigênio (m)	кислород	kislorod
acoplagem (f)	туташтириш	tutashtirish
fazer uma acoplagem	туташтирмоқ	tutashtirmoq
observatório (m)	обсерватория	observatoriya
telescópio (m)	телескоп	teleskop
observar (vt)	кузатмоқ	kuzatmoq
explorar (vt)	тадқиқ қилмоқ	tadqiq qilmoq

123. A Terra

Terra (f)	Ер	Er
globo terrestre (Terra)	ер шари	er shari
planeta (m)	планета	planeta
atmosfera (f)	атмосфера	atmosfera
geografia (f)	география	geografiya
natureza (f)	табиат	tabiat
globo (mapa esférico)	глобус	globus
mapa (m)	харита	xarita
atlas (m)	атлас	atlas
Europa (f)	Европа	Evropa
Ásia (f)	Осиё	Osiyo
África (f)	Африка	Afrika
Austrália (f)	Австралия	Avstraliya
América (f)	Америка	Amerika
América (f) do Norte	Шимолий Америка	Shimoliy Amerika
América (f) do Sul	Жанубий Америка	Janubiy Amerika
Antártida (f)	Антарктида	Antarktida
Ártico (m)	Арктика	Arktika

124. Pontos cardeais

norte (m)	шимол	shimol
para norte	шимолга	shimolga
no norte	шимолда	shimolda
do norte (adj)	шимолий	shimoliy
sul (m)	жануб	janub
para sul	жанубга	janubga
no sul	жанубда	janubda
do sul (adj)	жанубий	janubiy
oeste, ocidente (m)	ғарб	g'arb
para oeste	ғарбга	g'arbga
no oeste	ғарбда	g'arbda
ocidental (adj)	ғарбий	g'arbiy
leste, oriente (m)	шарқ	sharq
para leste	шарқга	sharqga
no leste	шарқда	sharqda
oriental (adj)	шарқий	sharqiy

125. Mar. Oceano

mar (m)	денгиз	dengiz
oceano (m)	океан	okean
golfo (m)	кўрфаз	ko'rfaz
estreito (m)	бўғоз	bo'g'oz
terra (f) firme	йер, қуруқлик	yer, quruqlik
continente (m)	материк	materik
ilha (f)	орол	orol
península (f)	ярим орол	yarim orol
arquipélago (m)	архипелаг	arxipelag
baía (f)	кўрфаз	ko'rfaz
porto (m)	бандаргоҳ	bandargoh
lagoa (f)	лагуна	laguna
cabo (m)	бурун	burun
atol (m)	атолл	atoll
recife (m)	сув ичидаги қоя	suv ichidagi qoya
coral (m)	маржон	marjon
recife (m) de coral	маржон қоялари	marjon qoyalari
profundo (adj)	чуқур	chuqur
profundidade (f)	чуқурлик	chuqurlik
abismo (m)	тагсиз чуқурлик	tagsiz chuqurlik
fossa (f) oceânica	камгак	kamgak
corrente (f)	оқим	oqim
banhar (vt)	ювмоқ	yuvmoq
litoral (m)	қирғоқ	qirg'oq

costa (f)	қирғоқ бўйи	qirg'oq bo'yi
maré (f) alta	сувнинг кўтарилиши	suvning ko'tarilishi
refluxo (m)	сувнинг пасайиши	suvning pasayishi
restinga (f)	саёзлик	sayozlik
fundo (m)	туб	tub
onda (f)	тўлқин	to'lqin
crista (f) da onda	тўлқин ўркачи	to'lqin o'rkachi
espuma (f)	кўпик	ko'pik
tempestade (f)	довул	dovul
furacão (m)	бўрон	bo'ron
tsunami (m)	сунами	sunami
calmaria (f)	штил	shtil
calmo (adj)	тинч	tinch
polo (m)	қутб	qutb
polar (adj)	қутбий	qutbiy
latitude (f)	кенглик	kenglik
longitude (f)	узунлик	uzunlik
paralela (f)	параллел	parallel
equador (m)	экватор	ekvator
céu (m)	осмон	osmon
horizonte (m)	уфқ	ufq
ar (m)	ҳаво	havo
farol (m)	маёқ	mayoq
mergulhar (vi)	шўнғимоқ	sho'ng'imoq
afundar-se (vr)	чўкиб кетмоқ	cho'kib ketmoq
tesouros (m pl)	хазина	xazina

126. Nomes de Mares e Oceanos

Oceano (m) Atlântico	Атлантика океани	Atlantika okeani
Oceano (m) Índico	Ҳинд океани	Hind okeani
Oceano (m) Pacífico	Тинч океани	Tinch okeani
Oceano (m) Ártico	Шимолий Муз океани	Shimoliy Muz okeani
Mar (m) Negro	Қора денгиз	Qora dengiz
Mar (m) Vermelho	Қизил денгиз	Qizil dengiz
Mar (m) Amarelo	Сариқ денгиз	Sariq dengiz
Mar (m) Branco	Оқ денгиз	Oq dengiz
Mar (m) Cáspio	Каспий денгизи	Kaspiy dengizi
Mar (m) Morto	ўлик денгиз	o'lik dengiz
Mar (m) Mediterrâneo	ўрта ер денгизи	o'rta er dengizi
Mar (m) Egeu	Егей денгизи	Egey dengizi
Mar (m) Adriático	Адриатика денгизи	Adriatika dengizi
Mar (m) Arábico	Араб денгизи	Arab dengizi
Mar (m) do Japão	Япон денгизи	Yapon dengizi

Mar (m) de Bering	Беринг денгизи	Bering dengizi
Mar (m) da China Meridional	Жанубий-Хитой денгизи	Janubiy-Xitoy dengizi
Mar (m) de Coral	Маржон денгизи	Marjon dengizi
Mar (m) de Tasman	Тасман денгизи	Tasman dengizi
Mar (m) do Caribe	Кариб денгизи	Karib dengizi
Mar (m) de Barents	Баренц денгизи	Barents dengizi
Mar (m) de Kara	Кара денгизи	Kara dengizi
Mar (m) do Norte	Шимолий денгиз	Shimoliy dengiz
Mar (m) Báltico	Болтиқ денгизи	Boltiq dengizi
Mar (m) da Noruega	Норвегия денгизи	Norvegiya dengizi

127. Montanhas

montanha (f)	тоғ	togʻ
cordilheira (f)	тоғ тизмалари	togʻ tizmalari
serra (f)	тоғ тизмаси	togʻ tizmasi
cume (m)	чўққи	choʻqqi
pico (m)	чўққи	choʻqqi
pé (m)	етак	etak
declive (m)	ёнбағир	yonbagʻir
vulcão (m)	вулқон	vulqon
vulcão (m) ativo	ҳаракатдаги вулқон	harakatdagi vulqon
vulcão (m) extinto	ўчган вулқон	oʻchgan vulqon
erupção (f)	отилиш	otilish
cratera (f)	кратер	krater
magma (m)	магма	magma
lava (f)	лава	lava
fundido (lava ~a)	қизиган	qizigan
cânion, desfiladeiro (m)	канён	kanyon
garganta (f)	дара	dara
fenda (f)	тоғ оралиғи	togʻ oraligʻi
precipício (m)	жарлик, тик жар	jarlik, tik jar
passo, colo (m)	довон	dovon
planalto (m)	ясси тоғ	yassi togʻ
falésia (f)	қоя	qoya
colina (f)	тепалик	tepalik
geleira (f)	музлик	muzlik
cachoeira (f)	шаршара	sharshara
gêiser (m)	гейзер	geyzer
lago (m)	кўл	koʻl
planície (f)	текислик	tekislik
paisagem (f)	манзара	manzara
eco (m)	акс-садо	aks-sado
alpinista (m)	алпинист	alpinist

escalador (m)	қояларга чиқувчи спортчи	qoyalarga chiquvchi sportchi
conquistar (vt)	забт этмоқ	zabt etmoq
subida, escalada (f)	тоққа чиқиш	toqqa chiqish

128. Nomes de montanhas

Alpes (m pl)	Алп тоғлари	Alp tog'lari
Monte Branco (m)	Монблан	Monblan
Pirineus (m pl)	Пиреней тоғлари	Pireney tog'lari
Cárpatos (m pl)	Карпат тоғлари	Karpat tog'lari
Urais (m pl)	Урал тоғлари	Ural tog'lari
Cáucaso (m)	Кавказ	Kavkaz
Elbrus (m)	Елбрус	Elbrus
Altai (m)	Олтой тоғлари	Oltoy tog'lari
Tian Shan (m)	Тян-Шан	Tyan-Shan
Pamir (m)	Помир	Pomir
Himalaia (m)	Ҳималай тоғлари	Himalay tog'lari
monte Everest (m)	Еверест	Everest
Cordilheira (f) dos Andes	Анд тоғлари	And tog'lari
Kilimanjaro (m)	Килиманжаро	Kilimanjaro

129. Rios

rio (m)	дарё	daryo
fonte, nascente (f)	булоқ	buloq
leito (m) de rio	ўзан	o'zan
bacia (f)	ҳовуз	hovuz
desaguar no ...	... га қўшилмоқ	... ga qo'shilmoq
afluente (m)	ирмоқ	irmoq
margem (do rio)	қирғоқ	qirg'oq
corrente (f)	оқим	oqim
rio abaixo	оқимнинг қуйиси бўйича	oqimning quyisi bo'yicha
rio acima	оқимнинг юқориси бўйича	oqimning yuqorisi bo'yicha
inundação (f)	сув босиши	suv bosishi
cheia (f)	сув тошқини	suv toshqini
transbordar (vi)	дарёнинг тошиши	daryoning toshishi
inundar (vt)	сув бостирмоқ	suv bostirmoq
banco (m) de areia	саёзлик	sayozlik
corredeira (f)	остонатош	ostonatosh
barragem (f)	тўғон	to'g'on
canal (m)	канал	kanal
reservatório (m) de água	сув омбори	suv ombori
eclusa (f)	шлюз	shlyuz
corpo (m) de água	ҳавза	havza

pântano (m)	ботқоқ	botqoq
lamaçal (m)	ботқоқлик	botqoqlik
redemoinho (m)	гирдоб	girdob

riacho (m)	жилға	jilg'a
potável (adj)	ичиладиган	ichiladigan
doce (água)	чучук	chuchuk

| gelo (m) | муз | muz |
| congelar-se (vr) | музлаб қолмоқ | muzlab qolmoq |

130. Nomes de rios

| rio Sena (m) | Сена | Sena |
| rio Loire (m) | Луара | Luara |

rio Tâmisa (m)	Темза	Temza
rio Reno (m)	Рейн	Reyn
rio Danúbio (m)	Дунай	Dunay

rio Volga (m)	Волга	Volga
rio Don (m)	Дон	Don
rio Lena (m)	Лена	Lena

rio Amarelo (m)	Хуанхе	Xuanxe
rio Yangtzé (m)	Янцзи	Yantszi
rio Mekong (m)	Меконг	Mekong
rio Ganges (m)	Ганг	Gang

rio Nilo (m)	Нил	Nil
rio Congo (m)	Конго	Kongo
rio Cubango (m)	Окаванго	Okavango
rio Zambeze (m)	Замбези	Zambezi
rio Limpopo (m)	Лимпопо	Limpopo
rio Mississippi (m)	Миссисипи	Missisipi

131. Floresta

| floresta (f), bosque (m) | ўрмон | o'rmon |
| florestal (adj) | ўрмон | o'rmon |

mata (f) fechada	чангалзор	changalzor
arvoredo (m)	дарахтзор	daraxtzor
clareira (f)	яланглик	yalanglik

| matagal (m) | чангалзор | changalzor |
| mato (m), caatinga (f) | бутазор | butazor |

pequena trilha (f)	сўқмоқча	so'qmoqcha
ravina (f)	жарлик	jarlik
árvore (f)	дарахт	daraxt
folha (f)	барг	barg

folhagem (f)	барглар	barglar
queda (f) das folhas	хазонрезгилик	xazonrezgilik
cair (vi)	тўкилмоқ	to'kilmoq
topo (m)	уч	uch
ramo (m)	шох	shox
galho (m)	бутоқ	butoq
botão (m)	куртак	kurtak
agulha (f)	игна	igna
pinha (f)	ғудда	g'udda
buraco (m) de árvore	ковак	kovak
ninho (m)	уя	uya
toca (f)	ин	in
tronco (m)	тана	tana
raiz (f)	илдиз	ildiz
casca (f) de árvore	пўстлоқ	po'stloq
musgo (m)	мох	mox
arrancar pela raiz	кавламоқ	kavlamoq
cortar (vt)	чопмоқ	chopmoq
desflorestar (vt)	кесиб ташламоқ	kesib tashlamoq
toco, cepo (m)	тўнка	to'nka
fogueira (f)	гулхан	gulxan
incêndio (m) florestal	ёнғин	yong'in
apagar (vt)	ўчирмоқ	o'chirmoq
guarda-parque (m)	ўрмончи	o'rmonchi
proteção (f)	муҳофаза	muhofaza
proteger (a natureza)	муҳофаза қилмоқ	muhofaza qilmoq
caçador (m) furtivo	браконер	brakoner
armadilha (f)	қопқон	qopqon
colher (cogumelos, bagas)	термоқ	termoq
perder-se (vr)	адашиб қолмоқ	adashib qolmoq

132. Recursos naturais

recursos (m pl) naturais	табиий ресурслар	tabiiy resurslar
minerais (m pl)	фойдали қазилмалар	foydali qazilmalar
depósitos (m pl)	қатлам бўлиб ётган конлар	qatlam bo'lib yotgan konlar
jazida (f)	кон	kon
extrair (vt)	қазиб олмоқ	qazib olmoq
extração (f)	кончилик	konchilik
minério (m)	руда	ruda
mina (f)	кон	kon
poço (m) de mina	шахта	shaxta
mineiro (m)	кончи	konchi
gás (m)	газ	gaz
gasoduto (m)	газ қувури	gaz quvuri

petróleo (m)	нефт	neft
oleoduto (m)	нефт қувури	neft quvuri
poço (m) de petróleo	нефт минораси	neft minorasi
torre (f) petrolífera	бурғилаш минораси	burg'ilash minorasi
petroleiro (m)	танкер	tanker
areia (f)	қум	qum
calcário (m)	оҳактош	ohaktosh
cascalho (m)	шағал	shag'al
turfa (f)	торф	torf
argila (f)	лой	loy
carvão (m)	кўмир	ko'mir
ferro (m)	темир	temir
ouro (m)	олтин	oltin
prata (f)	кумуш	kumush
níquel (m)	никел	nikel
cobre (m)	мис	mis
zinco (m)	рух	rux
manganês (m)	марганец	marganets
mercúrio (m)	симоб	simob
chumbo (m)	қўрғошин	qo'rg'oshin
mineral (m)	минерал	mineral
cristal (m)	кристалл	kristall
mármore (m)	мармар	marmar
urânio (m)	уран	uran

A Terra. Parte 2

133. Tempo

tempo (m)	об-ҳаво	ob-havo
previsão (f) do tempo	об-ҳаво маълумоти	ob-havo ma'lumoti
temperatura (f)	ҳарорат	harorat
termômetro (m)	термометр	termometr
barômetro (m)	барометр	barometr
úmido (adj)	нам	nam
umidade (f)	намлик	namlik
calor (m)	иссиқ	issiq
tórrido (adj)	жазирама	jazirama
está muito calor	иссиқ	issiq
está calor	илиқ	iliq
quente (morno)	илиқ	iliq
está frio	совуқ	sovuq
frio (adj)	совуқ	sovuq
sol (m)	қуёш	quyosh
brilhar (vi)	нур сочмоқ	nur sochmoq
de sol, ensolarado	қуёшли	quyoshli
nascer (vi)	чиқмоқ	chiqmoq
pôr-se (vr)	ўтирмоқ	o'tirmoq
nuvem (f)	булут	bulut
nublado (adj)	булутли	bulutli
nuvem (f) preta	булут	bulut
escuro, cinzento (adj)	булутли	bulutli
chuva (f)	ёмғир	yomg'ir
está a chover	ёмғир ёғяпти	yomg'ir yog'yapti
chuvoso (adj)	ёмғирли	yomg'irli
chuviscar (vi)	майдалаб ёғмоқ	maydalab yog'moq
chuva (f) torrencial	шаррос ёмғир	sharros yomg'ir
aguaceiro (m)	жала	jala
forte (chuva, etc.)	кучли	kuchli
poça (f)	кўлмак	ko'lmak
molhar-se (vr)	хўл бўлмоқ	xo'l bo'lmoq
nevoeiro (m)	туман	tuman
de nevoeiro	туманли	tumanli
neve (f)	қор	qor
está nevando	қор ёғяпти	qor yog'yapti

134. Tempo extremo. Catástrofes naturais

trovoada (f)	момақалдироқ	momaqaldiroq
relâmpago (m)	чақмоқ	chaqmoq
relampejar (vi)	чарақламоқ	charaqlamoq
trovão (m)	момақалдироқ	momaqaldiroq
trovejar (vi)	гумбурламоқ	gumburlamoq
está trovejando	момақалдироқ гумбурлаяпти	momaqaldiroq gumburlayapti
granizo (m)	дўл	do'l
está caindo granizo	дўл ёғяпти	do'l yog'yapti
inundar (vt)	сув бостирмоқ	suv bostirmoq
inundação (f)	сув босиши	suv bosishi
terremoto (m)	зилзила	zilzila
abalo, tremor (m)	силкиниш	silkinish
epicentro (m)	епицентр	epitsentr
erupção (f)	отилиш	otilish
lava (f)	лава	lava
tornado (m)	қуюн	quyun
tornado (m)	торнадо	tornado
tufão (m)	тўфон	to'fon
furacão (m)	бўрон	bo'ron
tempestade (f)	довул	dovul
tsunami (m)	сунами	sunami
ciclone (m)	сиклон	siklon
mau tempo (m)	ёғингарчилик	yog'ingarchilik
incêndio (m)	ёнғин	yong'in
catástrofe (f)	ҳалокат	halokat
meteorito (m)	метеорит	meteorit
avalanche (f)	кўчки	ko'chki
deslizamento (m) de neve	қор кўчкиси	qor ko'chkisi
nevasca (f)	қор бўрони	qor bo'roni
tempestade (f) de neve	қор бўралаши	qor bo'ralashi

Fauna

135. Mamíferos. Predadores

predador (m)	йирткич	yirtqich
tigre (m)	йўлбарс	yo'lbars
leão (m)	шер	sher
lobo (m)	бўри	bo'ri
raposa (f)	тулки	tulki
jaguar (m)	ягуар	yaguar
leopardo (m)	коплон	qoplon
chita (f)	гепард	gepard
pantera (f)	кора коплон	qora qoplon
puma (m)	пума	puma
leopardo-das-neves (m)	кор коплони	qor qoploni
lince (m)	силовсин	silovsin
coiote (m)	коёт	koyot
chacal (m)	шокол	shoqol
hiena (f)	сиртлон	sirtlon

136. Animais selvagens

animal (m)	жонивор	jonivor
besta (f)	ҳайвон	hayvon
esquilo (m)	олмахон	olmaxon
ouriço (m)	типратикан	tipratikan
lebre (f)	куён	quyon
coelho (m)	куён	quyon
texugo (m)	бўрсик	bo'rsiq
guaxinim (m)	енот	enot
hamster (m)	оғмахон	og'maxon
marmota (f)	суғур	sug'ur
toupeira (f)	кўр каламуш	ko'r kalamush
rato (m)	сичкон	sichqon
ratazana (f)	каламуш	kalamush
morcego (m)	кўршапалак	ko'rshapalak
arminho (m)	оксувсар	oqsuvsar
zibelina (f)	собол	sobol
marta (f)	сувсар	suvsar
doninha (f)	латча	latcha
visom (m)	коракўзан	qorako'zan

| castor (m) | сув қундузи | suv qunduzi |
| lontra (f) | қундуз | qunduz |

cavalo (m)	от	ot
alce (m)	лос	los
veado (m)	буғу	bug'u
camelo (m)	туя	tuya

bisão (m)	бизон	bizon
auroque (m)	зубр	zubr
búfalo (m)	буйвол	buyvol

zebra (f)	зебра	zebra
antílope (m)	антилопа	antilopa
corça (f)	кичик буғу	kichik bug'u
gamo (m)	кийик	kiyik
camurça (f)	тоғ кийик	tog' kiyik
javali (m)	тўнғиз	to'ng'iz

baleia (f)	кит	kit
foca (f)	тюлен	tyulen
morsa (f)	морж	morj
urso-marinho (m)	денгиз мушуги	dengiz mushugi
golfinho (m)	делфин	delfin

urso (m)	айиқ	ayiq
urso (m) polar	оқ айиқ	oq ayiq
panda (m)	панда	panda

macaco (m)	маймун	maymun
chimpanzé (m)	шимпанзе	shimpanze
orangotango (m)	орангутанг	orangutang
gorila (m)	горилла	gorilla
macaco (m)	макака	makaka
gibão (m)	гиббон	gibbon

elefante (m)	фил	fil
rinoceronte (m)	каркидон	karkidon
girafa (f)	жираф	jiraf
hipopótamo (m)	бегемот	begemot

| canguru (m) | кенгуру | kenguru |
| coala (m) | коала | koala |

mangusto (m)	мангуст	mangust
chinchila (f)	шиншилла	shinshilla
cangambá (f)	сассиқ кўзан	sassiq ko'zan
porco-espinho (m)	жайра	jayra

137. Animais domésticos

gata (f)	мушук	mushuk
gato (m) macho	мушук	mushuk
cão (m)	ит	it

cavalo (m)	от	ot
garanhão (m)	айғир	ayg'ir
égua (f)	бия	biya
vaca (f)	мол	mol
touro (m)	буқа	buqa
boi (m)	ҳўкиз	ho'kiz
ovelha (f)	қўй	qo'y
carneiro (m)	қўчқор	qo'chqor
cabra (f)	ечки	echki
bode (m)	така	taka
burro (m)	ешак	eshak
mula (f)	хачир	xachir
porco (m)	чўчқа	cho'chqa
leitão (m)	чўчқа боласи	cho'chqa bolasi
coelho (m)	қуён	quyon
galinha (f)	товуқ	tovuq
galo (m)	хўроз	xo'roz
pata (f), pato (m)	ўрдак	o'rdak
pato (m)	ўрдак	o'rdak
ganso (m)	ғоз	g'oz
peru (m)	курка	kurka
perua (f)	курка	kurka
animais (m pl) domésticos	уй ҳайвонлари	uy hayvonlari
domesticado (adj)	қўлга ўргатилган	qo'lga o'rgatilgan
domesticar (vt)	қўлга ўргатмоқ	qo'lga o'rgatmoq
criar (vt)	боқмоқ	boqmoq
fazenda (f)	ферма	ferma
aves (f pl) domésticas	уй паррандаси	uy parrandasi
gado (m)	мол	mol
rebanho (m), manada (f)	пода	poda
estábulo (m)	отхона	otxona
chiqueiro (m)	чўчқахона	cho'chqaxona
estábulo (m)	молхона	molxona
coelheira (f)	қуёнхона	quyonxona
galinheiro (m)	товуқхона	tovuqxona

138. Pássaros

pássaro (m), ave (f)	қуш	qush
pombo (m)	каптар	kaptar
pardal (m)	чумчуқ	chumchuq
chapim-real (m)	читтак	chittak
pega-rabuda (f)	ҳакка	hakka
corvo (m)	қарға	qarg'a

gralha-cinzenta (f)	қарға	qarg'a
gralha-de-nuca-cinzenta (f)	зоғча	zog'cha
gralha-calva (f)	гўнгқарға	go'ngqarg'a
pato (m)	ўрдак	o'rdak
ganso (m)	ғоз	g'oz
faisão (m)	қирғовул	qirg'ovul
águia (f)	бургут	burgut
açor (m)	қирғий	qirg'iy
falcão (m)	лочин	lochin
abutre (m)	калхат	kalxat
condor (m)	кондор	kondor
cisne (m)	оққуш	oqqush
grou (m)	турна	turna
cegonha (f)	лайлак	laylak
papagaio (m)	тўтиқуш	to'tiqush
beija-flor (m)	колибри	kolibri
pavão (m)	товус	tovus
avestruz (m)	туяқуш	tuyaqush
garça (f)	қарқара	qarqara
flamingo (m)	фламинго	flamingo
pelicano (m)	сақоқуш	saqoqush
rouxinol (m)	булбул	bulbul
andorinha (f)	қалдирғоч	qaldirg'och
tordo-zornal (m)	қораялоқ	qorayaloq
tordo-músico (m)	сайроқи қораялоқ	sayroqi qorayaloq
melro-preto (m)	қора қораялоқ	qora qorayaloq
andorinhão (m)	жарқалдирғоч	jarqaldirg'och
cotovia (f)	тўрғай	to'rg'ay
codorna (f)	бедана	bedana
pica-pau (m)	қизилиштон	qizilishton
cuco (m)	какку	kakku
coruja (f)	бойқуш	boyqush
bufo-real (m)	укки	ukki
tetraz-grande (m)	карқуш	karqush
tetraz-lira (m)	қур	qur
perdiz-cinzenta (f)	каклик	kaklik
estorninho (m)	чуғурчиқ	chug'urchiq
canário (m)	канарейка	kanareyka
galinha-do-mato (f)	булдуруқ	bulduruq
tentilhão (m)	зяблик	zyablik
dom-fafe (m)	снегир	snegir
gaivota (f)	чайка	chayka
albatroz (m)	албатрос	albatros
pinguim (m)	пингвин	pingvin

139. Peixes. Animais marinhos

brema (f)	лешч	leshch
carpa (f)	зоғорабалиқ	zog'orabaliq
perca (f)	олабуға	olabug'a
siluro (m)	лаққа балиқ	laqqa baliq
lúcio (m)	чўртанбалиқ	cho'rtanbaliq
salmão (m)	лосос	losos
esturjão (m)	осётр	osyotr
arenque (m)	селд	seld
salmão (m) do Atlântico	сёмга	syomga
cavala, sarda (f)	скумбрия	skumbriya
solha (f), linguado (m)	камбала	kambala
lúcio perca (m)	судак	sudak
bacalhau (m)	треска	treska
atum (m)	тунец	tunets
truta (f)	форел	forel
enguia (f)	илонбалиқ	ilonbaliq
raia (f) elétrica	електр скат	elektr skat
moreia (f)	мурена	murena
piranha (f)	пираня	piranya
tubarão (m)	акула	akula
golfinho (m)	делфин	delfin
baleia (f)	кит	kit
caranguejo (m)	қисқичбақа	qisqichbaqa
água-viva (f)	медуза	meduza
polvo (m)	саккизоёқ	sakkizoyoq
estrela-do-mar (f)	денгиз юлдузи	dengiz yulduzi
ouriço-do-mar (m)	денгиз кирписи	dengiz kirpisi
cavalo-marinho (m)	денгиз оти	dengiz oti
ostra (f)	устрица	ustritsa
camarão (m)	креветка	krevetka
lagosta (f)	омар	omar
lagosta (f)	лангуст	langust

140. Anfíbios. Répteis

cobra (f)	илон	ilon
venenoso (adj)	заҳарли	zaharli
víbora (f)	қора илон	qora ilon
naja (f)	кобра	kobra
píton (m)	питон	piton
jiboia (f)	бўғма илон	bo'g'ma ilon
cobra-de-água (f)	сувилон	suvilon

| cascavel (f) | шақилдоқ илон | shaqildoq ilon |
| anaconda (f) | анаконда | anakonda |

lagarto (m)	калтакесак	kaltakesak
iguana (f)	игуана	iguana
varano (m)	ечкиемар	echkiemar
salamandra (f)	саламандра	salamandra
camaleão (m)	хамелеон	xameleon
escorpião (m)	чаён	chayon

tartaruga (f)	тошбақа	toshbaqa
rã (f)	бақа	baqa
sapo (m)	қурбақа	qurbaqa
crocodilo (m)	тимсоҳ	timsoh

141. Insetos

inseto (m)	ҳашарот	hasharot
borboleta (f)	капалак	kapalak
formiga (f)	чумоли	chumoli
mosca (f)	пашша	pashsha
mosquito (m)	чивин	chivin
escaravelho (m)	қўнғиз	qo'ng'iz

vespa (f)	ари	ari
abelha (f)	асалари	asalari
mamangaba (f)	қовоқари	qovoqari
moscardo (m)	сўна	so'na

| aranha (f) | ўргимчак | o'rgimchak |
| teia (f) de aranha | ўргимчак ини | o'rgimchak ini |

libélula (f)	ниначи	ninachi
gafanhoto (m)	чигиртка	chigirtka
traça (f)	парвона	parvona

barata (f)	суварак	suvarak
carrapato (m)	кана	kana
pulga (f)	бурга	burga
borrachudo (m)	майда чивин	mayda chivin

gafanhoto (m)	чигиртка	chigirtka
caracol (m)	шиллиқ қурт	shilliq qurt
grilo (m)	қора чигиртка	qora chigirtka
pirilampo, vaga-lume (m)	ялтироқ қўнғиз	yaltiroq qo'ng'iz
joaninha (f)	хонқизи	xonqizi
besouro (m)	тиллақўнғиз	tillaqo'ng'iz

sanguessuga (f)	зулук	zuluk
lagarta (f)	капалак қурти	kapalak qurti
minhoca (f)	чувалчанг	chuvalchang
larva (f)	қурт	qurt

Flora

142. Árvores

árvore (f)	дарахт	daraxt
decídua (adj)	баргли	bargli
conífera (adj)	игнабаргли	ignabargli
perene (adj)	доимяшил	doimyashil
macieira (f)	олма	olma
pereira (f)	нок	nok
cerejeira (f)	гилос	gilos
ginjeira (f)	олча	olcha
ameixeira (f)	олхўри	olxo'ri
bétula (f)	оқ қайин	oq qayin
carvalho (m)	еман	eman
tília (f)	жўка дарахти	jo'ka daraxti
choupo-tremedor (m)	тоғтерак	tog'terak
bordo (m)	заранг дарахти	zarang daraxti
espruce (m)	қорақарағай	qoraqarag'ay
pinheiro (m)	қарағай	qarag'ay
alerce, lariço (m)	тилоғоч	tilog'och
abeto (m)	оққарағай	oqqarag'ay
cedro (m)	кедр	kedr
choupo, álamo (m)	терак	terak
tramazeira (f)	четан	chetan
salgueiro (m)	мажнунтол	majnuntol
amieiro (m)	олха	olxa
faia (f)	қора қайин	qora qayin
ulmeiro, olmo (m)	қайрағоч	qayrag'och
freixo (m)	шумтол	shumtol
castanheiro (m)	каштан	kashtan
magnólia (f)	магнолия	magnoliya
palmeira (f)	палма	palma
cipreste (m)	кипарис	kiparis
mangue (m)	мангро дарахти	mangro daraxti
embondeiro, baobá (m)	баобаб	baobab
eucalipto (m)	евкалипт	evkalipt
sequoia (f)	секвойя	sekvoyya

143. Arbustos

arbusto (m)	бута	buta
arbusto (m), moita (f)	бутазор	butazor

videira (f)	узум	uzum
vinhedo (m)	узумзор	uzumzor
framboeseira (f)	малина	malina
groselheira-negra (f)	қора смородина	qora smorodina
groselheira-vermelha (f)	қизил смородина	qizil smorodina
groselheira (f) espinhosa	крижовник	krijovnik
acácia (f)	акация	akatsiya
bérberis (f)	зирк	zirk
jasmim (m)	ясмин	yasmin
junípero (m)	қора арча	qora archa
roseira (f)	атиргул тупи	atirgul tupi
roseira (f) brava	наъматак	na'matak

144. Frutos. Bagas

fruta (f)	мева	meva
frutas (f pl)	мевалар	mevalar
maçã (f)	олма	olma
pera (f)	нок	nok
ameixa (f)	олхӯри	olxo'ri
morango (m)	қулупнай	qulupnay
ginja (f)	олча	olcha
cereja (f)	гилос	gilos
uva (f)	узум	uzum
framboesa (f)	малина	malina
groselha (f) negra	қора смородина	qora smorodina
groselha (f) vermelha	қизил смородина	qizil smorodina
groselha (f) espinhosa	крижовник	krijovnik
oxicoco (m)	клюква	klyukva
laranja (f)	апелсин	apelsin
tangerina (f)	мандарин	mandarin
abacaxi (m)	ананас	ananas
banana (f)	банан	banan
tâmara (f)	хурмо	xurmo
limão (m)	лимон	limon
damasco (m)	ӯрик	o'rik
pêssego (m)	шафтоли	shaftoli
quiuí (m)	киви	kivi
toranja (f)	грейпфрут	greypfrut
baga (f)	реза мева	reza meva
bagas (f pl)	реза мевалар	reza mevalar
arando (m) vermelho	брусника	brusnika
morango-silvestre (m)	йертут	yertut
mirtilo (m)	черника	chernika

145. Flores. Plantas

flor (f)	гул	gul
buquê (m) de flores	даста	dasta
rosa (f)	атиргул	atirgul
tulipa (f)	лола	lola
cravo (m)	чиннигул	chinnigul
gladíolo (m)	гладиолус	gladiolus
centáurea (f)	бўтакўз	bo'tako'z
campainha (f)	қўнғироқгул	qo'ng'iroqgul
dente-de-leão (m)	момақаймоқ	momaqaymoq
camomila (f)	мойчечак	moychechak
aloé (m)	алое	aloe
cacto (m)	кактус	kaktus
fícus (m)	фикус	fikus
lírio (m)	лилия	liliya
gerânio (m)	ёронгул	yorongul
jacinto (m)	сунбул	sunbul
mimosa (f)	мимоза	mimoza
narciso (m)	наргис	nargis
capuchinha (f)	лотин чечаги	lotin chechagi
orquídea (f)	орхидея	orxideya
peônia (f)	саллагул	sallagul
violeta (f)	бинафша	binafsha
amor-perfeito (m)	капалакгул	kapalakgul
não-me-esqueças (m)	бўтакўз	bo'tako'z
margarida (f)	дасторгул	dastorgul
papoula (f)	кўкнор	ko'knor
cânhamo (m)	наша ўсимлиги	nasha o'simligi
hortelã, menta (f)	ялпиз	yalpiz
lírio-do-vale (m)	марваридгул	marvaridgul
campânula-branca (f)	бойчечак	boychechak
urtiga (f)	қичитқи ўт	qichitqi o't
azedinha (f)	шовул	shovul
nenúfar (m)	нилфия	nilfiya
samambaia (f)	қирққулоқ	qirqquloq
líquen (m)	лишайник	lishaynik
estufa (f)	оранжерея	oranjereya
gramado (m)	газон	gazon
canteiro (m) de flores	клумба	klumba
planta (f)	ўсимлик	o'simlik
grama (f)	ўт	o't
folha (f) de grama	ўт пояси	o't poyasi

folha (f)	барг	barg
pétala (f)	гулбарг	gulbarg
talo (m)	поя	poya
tubérculo (m)	тугунак	tugunak

| broto, rebento (m) | куртак | kurtak |
| espinho (m) | тиканак | tikanak |

florescer (vi)	гулламоқ	gullamoq
murchar (vi)	сўлимоқ	so'limoq
cheiro (m)	ҳид	hid
cortar (flores)	кесиб олмоқ	kesib olmoq
colher (uma flor)	узмоқ, узиб олмоқ	uzmoq, uzib olmoq

146. Cereais, grãos

grão (m)	ғалла	g'alla
cereais (plantas)	ғалла ўсимликлари	g'alla o'simliklari
espiga (f)	бошоқ	boshoq

trigo (m)	буғдой	bug'doy
centeio (m)	жавдар	javdar
aveia (f)	сули	suli
painço (m)	тариқ	tariq
cevada (f)	арпа	arpa

milho (m)	маккажўхори	makkajo'xori
arroz (m)	шоли	sholi
trigo-sarraceno (m)	гречиха	grechixa

ervilha (f)	нўхат	no'xat
feijão (m) roxo	ловия	loviya
soja (f)	соя	soya
lentilha (f)	ясмиқ	yasmiq
feijão (m)	дуккакли ўсимликлар	dukkakli o'simliklar

PAÍSES. NACIONALIDADES

147. Europa Ocidental

Europa (f)	Йевропа	Yevropa
União (f) Europeia	Йевропа Иттифоқи	Yevropa Ittifoqi

Áustria (f)	Австрия	Avstriya
Grã-Bretanha (f)	Буюк Британия	Buyuk Britaniya
Inglaterra (f)	Англия	Angliya
Bélgica (f)	Белгия	Belgiya
Alemanha (f)	Германия	Germaniya

Países Baixos (m pl)	Нидерландия	Niderlandiya
Holanda (f)	Голландия	Gollandiya
Grécia (f)	Греция	Gretsiya
Dinamarca (f)	Дания	Daniya
Irlanda (f)	Ирландия	Irlandiya
Islândia (f)	Исландия	Islandiya

Espanha (f)	Испания	Ispaniya
Itália (f)	Италия	Italiya
Chipre (m)	Кипр	Kipr
Malta (f)	Малта	Malta

Noruega (f)	Норвегия	Norvegiya
Portugal (m)	Португалия	Portugaliya
Finlândia (f)	Финляндия	Finlyandiya
França (f)	Франция	Frantsiya

Suécia (f)	Швеция	Shvetsiya
Suíça (f)	Швейцария	Shveytsariya
Escócia (f)	Шотландия	Shotlandiya

Vaticano (m)	Ватикан	Vatikan
Liechtenstein (m)	Лихтенштейн	Lixtenshteyn
Luxemburgo (m)	Люксембург	Lyuksemburg
Mônaco (m)	Монако	Monako

148. Europa Central e de Leste

Albânia (f)	Албания	Albaniya
Bulgária (f)	Болгария	Bolgariya
Hungria (f)	Венгрия	Vengriya
Letônia (f)	Латвия	Latviya

Lituânia (f)	Литва	Litva
Polônia (f)	Полша	Polsha

Romênia (f)	Руминия	Ruminiya
Sérvia (f)	Сербия	Serbiya
Eslováquia (f)	Словакия	Slovakiya

Croácia (f)	Хорватия	Xorvatiya
República (f) Checa	Чехия	Chexiya
Estônia (f)	Естония	Estoniya

Bósnia e Herzegovina (f)	Босния ва Герцеговина	Bosniya va Gertsegovina
Macedônia (f)	Македония	Makedoniya
Eslovênia (f)	Словения	Sloveniya
Montenegro (m)	Черногория	Chernogoriya

149. Países da ex-URSS

| Azerbaijão (m) | Озарбайжон | Ozarbayjon |
| Armênia (f) | Арманистон | Armaniston |

Belarus	Беларус	Belarus
Geórgia (f)	Грузия	Gruziya
Cazaquistão (m)	Қозоғистон	Qozog'iston
Quirguistão (m)	Қирғизистон	Qirg'iziston
Moldávia (f)	Молдова	Moldova

| Rússia (f) | Россия | Rossiya |
| Ucrânia (f) | Украина | Ukraina |

Tajiquistão (m)	Тожикистон	Tojikiston
Turquemenistão (m)	Туркманистон	Turkmaniston
Uzbequistão (f)	ўзбекистон	o'zbekiston

150. Asia

Ásia (f)	Осиё	Osiyo
Vietnã (m)	Ветнам	Vetnam
Índia (f)	Ҳиндистон	Hindiston
Israel (m)	Исроил	Isroil

China (f)	Хитой	Xitoy
Líbano (m)	Ливан	Livan
Mongólia (f)	Мўғулистон	Mo'g'uliston

| Malásia (f) | Малайзия | Malayziya |
| Paquistão (m) | Покистон | Pokiston |

Arábia (f) Saudita	Саудия арабистони	Saudiya arabistoni
Tailândia (f)	Таиланд	Tailand
Taiwan (m)	Тайван	Tayvan
Turquia (f)	Туркия	Turkiya
Japão (m)	Япония	Yaponiya
Afeganistão (m)	Афғонистон	Afg'oniston
Bangladesh (m)	Бангладеш	Bangladesh

| Indonésia (f) | Индонезия | Indoneziya |
| Jordânia (f) | Иордания | Iordaniya |

Iraque (m)	Ироқ	Iroq
Irã (m)	Ерон	Eron
Camboja (f)	Камбоджа	Kambodja
Kuwait (m)	Қувайт	Quvayt

Laos (m)	Лаос	Laos
Birmânia (f)	Мянма	Myanma
Nepal (m)	Непал	Nepal
Emirados Árabes Unidos	Бирлашган Араб Амирликлари	Birlashgan Arab Amirliklari

| Síria (f) | Сурия | Suriya |
| Palestina (f) | Фаластин автономияси | Falastin avtonomiyasi |

| Coreia (f) do Sul | Жанубий Корея | Janubiy Koreya |
| Coreia (f) do Norte | Шимолий корея | Shimoliy koreya |

151. América do Norte

Estados Unidos da América	Америка Қўшма Штатлари	Amerika Qo'shma Shtatlari
Canadá (m)	Канада	Kanada
México (m)	Мексика	Meksika

152. América Central do Sul

Argentina (f)	Аргентина	Argentina
Brasil (m)	Бразилия	Braziliya
Colômbia (f)	Колумбия	Kolumbiya

| Cuba (f) | Куба | Kuba |
| Chile (m) | Чили | Chili |

| Bolívia (f) | Боливия | Boliviya |
| Venezuela (f) | Венесуела | Venesuela |

| Paraguai (m) | Парагвай | Paragvay |
| Peru (m) | Перу | Peru |

Suriname (m)	Суринам	Surinam
Uruguai (m)	Уругвай	Urugvay
Equador (m)	Эквадор	Ekvador

| Bahamas (f pl) | Багам ороллари | Bagam orollari |
| Haiti (m) | Гаити | Gaiti |

| República Dominicana | Доминикана республикаси | Dominikana respublikasi |

| Panamá (m) | Панама | Panama |
| Jamaica (f) | Жамайка | Jamayka |

153. Africa

Egito (m)	Миср	Misr
Marrocos	Марокаш	Marokash
Tunísia (f)	Тунис	Tunis
Gana (f)	Гана	Gana
Zanzibar (m)	Занзибар	Zanzibar
Quênia (f)	Кения	Keniya
Líbia (f)	Ливия	Liviya
Madagascar (m)	Мадагаскар	Madagaskar
Namíbia (f)	Намибия	Namibiya
Senegal (m)	Сенегал	Senegal
Tanzânia (f)	Танзания	Tanzaniya
África (f) do Sul	Жанубий Африка Республикаси	Janubiy Afrika Respublikasi

154. Austrália. Oceania

Austrália (f)	Австралия	Avstraliya
Nova Zelândia (f)	Янги Зеландия	Yangi Zelandiya
Tasmânia (f)	Тасмания	Tasmaniya
Polinésia (f) Francesa	Француз Полинезияси	Frantsuz Polineziyasi

155. Cidades

Amesterdã, Amsterdã	Амстердам	Amsterdam
Ancara	Анқара	Anqara
Atenas	Афина	Afina
Bagdade	Бағдод	Bag'dod
Bancoque	Бангкок	Bangkok
Barcelona	Барселона	Barselona
Beirute	Байрут	Bayrut
Berlim	Берлин	Berlin
Bonn	Бонн	Bonn
Bordéus	Бордо	Bordo
Bratislava	Братислава	Bratislava
Bruxelas	Брюссел	Bryussel
Bucareste	Бухарест	Buxarest
Budapeste	Будапешт	Budapesht
Cairo	Коҳира	Kohira
Calcutá	Калкутта	Kalkutta
Chicago	Чикаго	Chikago
Cidade do México	Мехико	Mexiko
Copenhague	Копенгаген	Kopengagen
Dar es Salaam	Дар ес Салаам	Dar es Salaam

Deli	Дехли	Dehli
Dubai	Дубай	Dubay
Dublim	Дублин	Dublin
Düsseldorf	Дюсселдорф	Dyusseldorf
Estocolmo	Стокголм	Stokgolm
Florença	Флоренция	Florentsiya
Frankfurt	Франкфурт	Frankfurt
Genebra	Женева	Jeneva
Haia	Гаага	Gaaga
Hamburgo	Гамбург	Gamburg
Hanói	Ханой	Xanoy
Havana	Гавана	Gavana
Helsinque	Хелсинки	Xelsinki
Hiroshima	Хиросима	Xirosima
Hong Kong	Гонконг	Gonkong
Istambul	Истанбул	Istanbul
Jerusalém	Куддус	Quddus
Kiev, Quieve	Киев	Kiev
Kuala Lumpur	Куала Лумпур	Kuala Lumpur
Lion	Лион	Lion
Lisboa	Лиссабон	Lissabon
Londres	Лондон	London
Los Angeles	Лос Анжелес	Los Anjeles
Madrid	Мадрид	Madrid
Marselha	Марсел	Marsel
Miami	Майями	Mayyami
Montreal	Монреал	Monreal
Moscou	Москва	Moskva
Mumbai	Бомбей	Bombey
Munique	Мюнхен	Myunxen
Nairóbi	Найроби	Nayrobi
Nápoles	Неапол	Neapol
Nice	Ницца	Nitstsa
Nova York	Ню-Ёрк	Nyu-York
Oslo	Осло	Oslo
Ottawa	Оттава	Ottava
Paris	Париж	Parij
Pequim	Пекин	Pekin
Praga	Прага	Praga
Rio de Janeiro	Рио-де-Жанейро	Rio-de-Janeyro
Roma	Рим	Rim
São Petersburgo	Санкт-Петербург	Sankt-Peterburg
Seul	Сеул	Seul
Singapura	Сингапур	Singapur
Sydney	Сидней	Sidney
Taipé	Тайпей	Taypey
Tóquio	Токио	Tokio
Toronto	Торонто	Toronto

Varsóvia	**Варшава**	Varshava
Veneza	**Венеция**	Venetsiya
Viena	**Вена**	Vena
Washington	**Вашингтон**	Vashington
Xangai	**Шанхай**	Shanxay